会社を辞めてもお金に困らない！

日本一カンタンな「副業」と「お金」の教科書

SIDE BUSINESS
AND
MONEY
MADE EASY

竹内謙礼
KENREI TAKEUCHI

CROSSMEDIA PUBLISHING

はじめに

複数の場所から収入を得て、人生のリスクを分散する

副業を始める人が急増しています。

あと数年もすれば多くのサラリーマンが副業を始めて、「**大副業時代**」が到来するでしょう。副業が大ブームになっている理由は三つあります。

●働き方改革でサラリーマンが自由な時間を作れるようになった
●コロナ禍でリモートワークが普及し、自宅にいながら遠隔の仕事ができるようになった
●残業代と給与の削減により、サラリーマンが副収入を得なくてはいけなくなった

これらのことに加えて、サラリーマンたちの危機意識が芽生えたことも、副業をする人が増えた要因になっています。

コロナ禍によって、将来の先行きが突然不透明になり、**「自分の人生、このままで本当にいいんだろうか？」**と疑問を持ったサラリーマンは少なくありません。

従来の「お金が欲しい」という副業の目的が、自己成長や仕事のやりがい、承認欲求の場に変わりつつあることも、意識の高いサラリーマンが副業を始めるきっかけになっているようです。

また、副業の社会インフラが、急速に充実し始めているのも追い風です。

個人と企業だけではなく、個人と個人を仲介する副業のマッチングサイトが増えたことで、多種多様な方法でお金が稼げるようになりました。例えば、オンラインゲームの攻略法を教える仕事や、恋愛の相談、メイクのアドバイスなど、一昔前では存在していなかった仕事が、副業として注目を集めています。

また、SNSを活用して、容易に情報発信ができるようになったことで、企業や個人からダイレクトで仕事を受けられるようになったことも、副業者の増加に拍車をかけたと言えます。

副業へのイメージが大きく変わった

企業の副業に対する姿勢も変わりつつあります。

自社の給与だけで従業員を雇用することが難しくなった企業は、**次々に副業を解禁し始めています。**

許可を出せば副業ができる大企業も増加しており、採用条件に「副業可」と記載すれば応募者が集まることから、採用戦略として副業を容認する企業も多く目にするようになりました。

後ろめたさのあった副業へのイメージが、日本全体で大きく変わり始めています。もはや副業はメジャーなお金の稼ぎ方であり、本業以外の職を持たないサラリーマンに対して、「大丈夫？」と世の中の人が心配する時代が、もうすぐそこまで来ているのです。

しかし、日本の副業への認識はまだまだ発展途上です。

商売の裏街道のような存在だった副業は、ビジネスとしてのノウハウが確立されておらず、専門的な知識を持ってアドバイスしてくれる人も多くありません。

副業の情報サイトや書籍も数多く存在していますが、個人的な主観ばかりで、テクニック論や感情論で押し切っているものがほとんどです。**潜在的に副業をやりたい人の数に対して、正しい副業のノウハウや情報はあまりにも少なすぎる**と言っていいでしょう。

今回、縁あって「日本一カンタンな『副業』と『お金』の教科書」という本を執筆する機会を頂きました。

私の本業は経営コンサルタントですが、数年前までネット副業のＮＰＯ法人の理事長を務めていたこともあって、アフィリエイトやドロップシッピング、ネットショップなどの副業に対して、長年指導してきた経験があります。

そのような背景もあって、経営コンサルタントとしての「ビジネスのプロ」という立場から、〝カンタン〟をテーマに副業の本を執筆しました。

副業全体を俯瞰で捉えて、副業を始めるための考え方や準備、成功までのプロセスを、興味を持って読んでもらうために、あえてわかりやすい**ストーリー形式にして副業のノウハウを〝カンタン〟に解説しています。**

ややストーリーの展開が突飛すぎて驚いてしまう読者もいるかもしれませんが、本書に出てくるシーンを少しでも映像として頭の中にインプットしてもらいたい狙いがあります。

また、フィクションのストーリーだけでは行動に移すことがイメージできないと思い、巻末には副業で成功した人たちを取材したインタビューも収録しました。

具体的な副業の稼ぎ方や苦労話を存分に書かせてもらいましたので、ぜひ、そちらの方も合わせて読んでいただければと思います。


もう副業は人に隠すものでもなければ、キワモノの存在でもありません。

複数の仕事をこなし、複数の場所から収入を得て、人生のリスクを分散することが、これからのサラリーマンの生活においてスタンダードになっていくでしょう。

今、この副業の波に乗らなければ、それこそ生きていく上で最大のリスクを背負うことにもなりかねません。

「この本が副業を始めるきっかけになりました」

そう言ってくれる読者が少しでも増えることになれば、著者としては嬉しい限りです。

行き詰まる時代に

りない…では人生つまらない

行き詰まり 1

給料が増えない

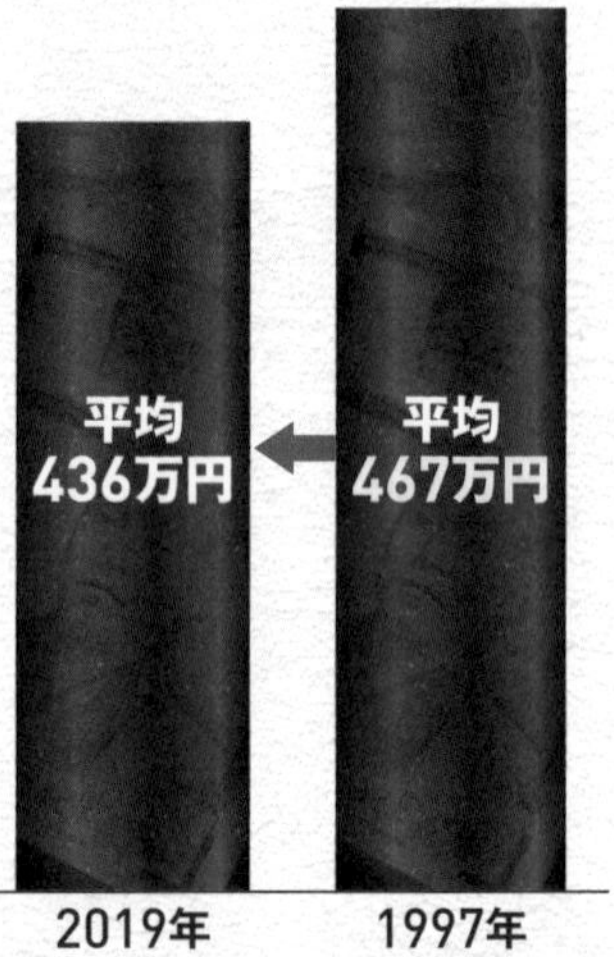

※出典:国税庁
「民間給与実態統計調査」

問題

平均値はあまり変わらないが、
年収の二極化が進み、
「持つ人」と「持たざる人」の
格差が広がっている

行き詰まり 2

コロナの影響で
倒産件数が増加

※出典:帝国データバンク
(2021年3月26日時点)

問題

突然、会社が潰れるという
リスクが顕在化。
自分の身に起きたら
どうすればいいのか?

本業（仕事）だけでは

お金も足りない、やりがいも足

行き詰まり 4

役職定年で
会社に居場所が
なくなる

55歳の壁

**役職定年で年収は
2~3割ダウン**

↓

年収500万円の人は
350万円程度になる可能性も

※出典:人事院

問題

**長年、会社に尽くしても
55歳前後になれば
閑職に回される可能性が高い。
やりがいを失う**

行き詰まり 3

早期退職が
増えている

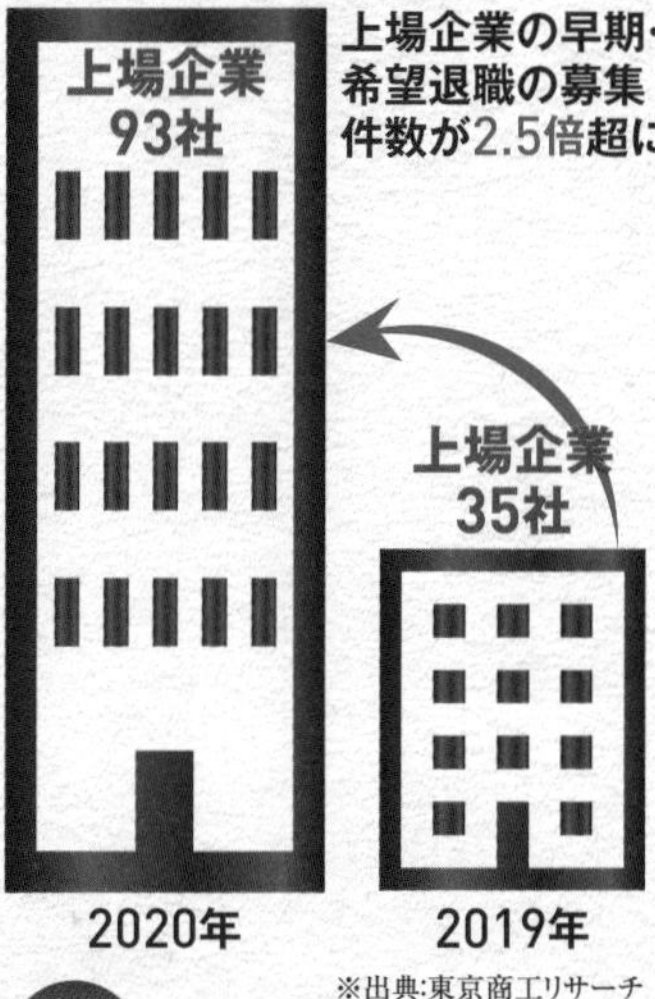

上場企業の早期・
希望退職の募集
件数が2.5倍超に!

※出典:東京商工リサーチ

問題

**40代、50代の社員は
いつ“リストラ”されても
おかしくない時代に……**

安・不満を解消する

に頼らなくても生きていける

1

不安・不満

**将来、
お金が
足りなくなる**

こうして解決!

給料 ＋ 副収入

で収入アップ!

メモ

副収入の平均額は
年116万円という調査結果も

※出典:ランサーズ　フリーランス実態調査(複数の副業実践者の場合)

2

不安・不満

**将来、
仕事が
なくなる**

こうして解決!

本業 ＋ 副業

のダブルワークで
どちらかがコケても
対応できる

メモ

コロナ後は「在宅副業」が
広まり、副業の選択肢が
どんどん増えている

副業がさまざまな不

稼ぐ力を身につければ、会社

3 不安・不満

定年後にやることがない

こうして解決！

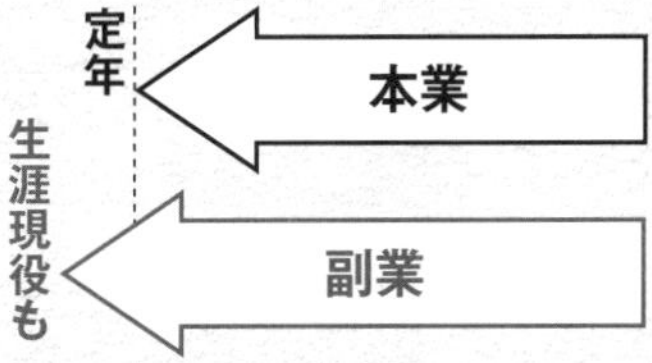

副業に定年はない

メモ

退職後に起業する「シニア起業」もありだが、失敗すると時間的・金銭的に再起が難しくなる。在職時に副業で試しておく方が賢明

4 不安・不満

今の仕事が物足りない

こうして解決！

好きなことを副業にして稼ぐことができる！

例

- 趣味のキャンプのノウハウを人に教えて稼ぐ
- 趣味で撮った写真を販売サイトに掲載して利用料を得る
- 得意の料理を忙しい人の代わりに作って稼ぐ

メモ

副業したい理由の上位には、「好きなことや興味のある仕事に挑戦してみたい」という意見が

※出典:「Re就活」副業に関するアンケート

なものがあるのか?

に合う稼ぎ方はどれ?

大

リターン

【投資の副業】

株式投資をはじめ、FX、不動産投資など、在宅でできる投資副業は人気が高い。リスクはそれなりに高いので、要点やコツを学んだ上で挑戦したい。資産が億を超えた“億り人”がサラリーマンから続々生まれている分野

例 ●日本株や米国株を売買する株式投資
●為替を売買するFX投資

【商売の副業】

ネットショップを運営する、飲食店に出資してオーナーになるなど商売を営む副業。オーナー副業は、実務は人に任せて、お金などの管理に徹すれば副業で十分可能。軌道に乗れば、本業より稼ぐ人も多いジャンル

例 ●飲食のフランチャイズのオーナー
●ネットショップで商品を販売

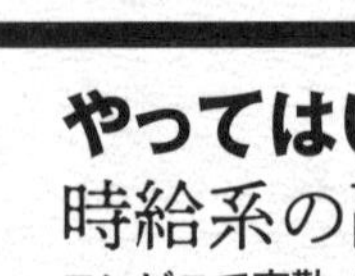

リスク 大

小

やってはいけない副業

時給系の副業

コンビニで夜勤バイトをするなど、いわゆる時給系の副業はできれば避けたい。時間の切り売りになるため、それなりに稼ぐには睡眠時間を削るほかなく、本業に悪影響を及ぼす危険が。コツを掴むことで収益性を高められるものを選んだ方が、本業と両立しやすいし、将来独立することを見据えたときにもよいだろう

稼げる副業にはどん

リスク・リターンで判定！　自分

【本業を活かした副業】

本業のスキルを活かして稼ぐ。新たに勉強しなくても実践できる点はメリット。営業のノウハウや資料作りのハウツー、パソコンスキルなど、プロ並みの腕がなくても、教え方やキャラ次第で稼ぐこともできる

例 ●プレゼン資料の作り方を教える
●パソコンスキルを高齢者に教える

【趣味を活かした副業】

趣味や特技を活かした副業は、敷居が低いので人気がある。例えば、得意な体育を活かして子供に逆上がりを教える、器用な手先を活かしてハンドメイド商品を作って売るなど、ちょっとしたことが商売になるのがうれしい

例 ●ラーメン好きが高じてラーメン評論家
●趣味の鉄道旅行をYouTubeで配信

【仲介の副業】

これはあまり馴染みがない稼ぎ方だが、企業と人を結びつけてその仲介手数料を得る手法。いわば企業に代わって、商品を宣伝するので、相応のパソコンスキルが必要になる。検索対策のノウハウ、ネット広告の運用技術が必要

例 ●ドレスをオーダーメイドで作る仲介サイト
●中古のトラクターを仲介販売するサイト

小 ←

【代行する副業】

データを打ち込む、リサーチを請け負うなど比較的単調な作業を代行する。最近は YouTube の盛り上がりを受けて動画編集を請け負う副業が人気に。需要が多ければ、単価も上がる。稼ぎたければそういうものを狙うといい

例 ●YouTubeなどの動画編集
●市場調査、アンケート調査

人が続々生まれている

以外ではなかなか実現できない

成功例 1

梶田慎哉さん
（50歳）

趣味のパソコンを副業にして年収1000万円超！

学生の頃からパソコンが趣味。仕事は料理系に進んだが、あるきっかけで中古パソコン販売を副業に。「好きなことで稼げるのは最高です。１人でコツコツやるのが好きなので、独立した今も１人で自由気ままにやっています」

中古パソコンを修理してネット上で販売している

←詳しくは208ページへ

成功例 2

坂本彰さん
（44歳）

年収300万円から株投資！今はYouTuber

20 代の頃、年収がなかなか上がらず、このままではマズいと悩んでいた。11 万円を元手に株投資をしたら見事成功。ノウハウを掴み、今ではそれを YouTube で伝えている。「芸は身を助けると実感しています」

投資系 YouTube では人気上位をキープ！登録者 9 万人超

←詳しくは222ページへ

ide business

副業で人生を変えた

これだけの大きな変化は、副業

成功例4

クロスパールさん
(49歳)

**運用資産を元手に
40代で
セミリタイア生活**

50歳を目標にセミリタイアする計画を立てた。人生の残りの時間を考えたら、もっと自由に、自分の時間を大切にしたいと思ったからだ。「予定より早くセミリアイアすることになりましたが、それも運用して貯めた資産のおかげです」

自然豊かな地方に移住し、日々穏やかな時間を過ごす

←詳しくは247ページへ

成功例3

森新さん
(32歳)

**パソコンスキルを
講座で教えて
大人気!**

大手企業で働きながら、メールソフト「Outlook(アウトルック)」の講座を副業で持つ。「最初はこれが副業になるとは思っていませんでした。収入も嬉しいですが、それよりも本業に活きる貴重な経験を得たことが財産です」

最初は苦戦したが、試行錯誤して人気講座に成長

←詳しくは235ページへ

succeed in a

本書は副業の「魅力」と「稼ぎ方」を2部構成でわかりやすく解説!

Part2
「**成功実例**」で副業の魅力と稼ぎ方を解説します

＋

Part1
「**ストーリー**」で副業の魅力と稼ぎ方を解説します

まずは、副業未経験者の大串ハジメ(主人公)が、副業に詳しい猫?の師匠に出会い、将来のこと、お金のこと、働くことについて、学び、考えるストーリーをお届け!

大串ハジメとともに学びましょう!

日本一カンタンな「副業」と「お金」の教科書

目次

Contents

第1章 「在宅で稼ぐ！1億総副業時代のマネー戦略」

第2章
「一番稼げる副業、絶対にやってはいけない副業」

第3章

「副業の成功に欠かせない2つの心構え」

第4章
「ラクして儲かるしくみをつくる」

第5章

「月10万円の副収入！副業の売上を安定させる方法」

PART1

会社を辞めても困らない！
副業の魅力と稼ぎ方

社員各位

社内規定の改訂通知

取締役会決議により、以下のように「副業・兼業」の一部を改訂することになりました。

記

1. 改訂された規定

副業・兼業

2・改訂内容

労働者は勤務時間外において、他の会社等の業務に従事することができる。

労働者は前項の業務に従事するにあたって、事前に会社に所定の届け出を行うものとする。

以上

プロローグ

大串ハジメは、廊下に貼り出された**副業解禁の告知**を見て「バカバカしい」と思った。不景気のあおりで残業代が減らされ、月収は1割ほどダウンしていた。ボーナスも年々下がっているので、もっと給料を上げてほしいという思いは以前から持っていた。だからといって、仕事でクタクタになって家に帰り、そこからまた副業でお金を稼ごうという気はさらさらなかった。

市場が縮小していく印刷業界に身を置いているが、自分の勤めている会社はその中でも中堅クラスである。倒産することは絶対にないし、福利厚生もしっかりしている。今の会社に対して不満はまったくない。

35歳で「課長補佐」という役職も、まぁまぁ満足はしている。社内でも出世は早い方だし、年収500万円も同年代のサラリーマンとしては悪くない方である。妻の冬美も幼稚園のパートで年に80万円ぐらいは稼いでくれている。一人娘の菜々子を育てるのに苦労するような世帯収入ではなかった。

埼玉県の中古マンションに住み、ローンは定年から5年過ぎた65歳まで続く。退職してから適当に仕事を見つければ、年金を受け取りながら老後まではなんとか逃げ切れる算段である。

お金に困っているわけでもないし、家に帰ってからの時間は家族のために使いたい。大串は**絶対に副業などしたくない**と思い、副業解禁の告知文を一瞥してから自分の職場に戻っていった。

その日の夜、営業二課の田村と二人で飲みに行った。田村は同期入社で、自分と同じ課長補佐という役職である。仲のいい親友であり、切磋琢磨しあえるライバルでもあった。話題は自然と副業解禁の話に移っていった。

「副業なんてバカバカしいと思わないか。本業を頑張るのがサラリーマンとしての筋だろ。**副業なんかやって本業がおろそかになったら、それこそ身も蓋もない話だ**」

大串は生ビールを飲み干し、口元を手で拭った。顔を上げると、今まで笑いながら話しを聞いていた田村がぽかんと口を開けていた。

「お前、本気でそう思っているのか？」

「どういう意味だよ」

「副業だよ。まさか本気でバカバカしいと思っているのか？」

田村はじっと大串の顔を見た。

「今まで黙っていたけど、俺、3年前から副業やってるんだよ」

大串は「えっ」と声を発した。

「学生の頃から英語が得意でさ。今、企業や大学から依頼されて、翻訳の仕事をやってるんだ」

今度は大串の方が口をぽかんと開けた。

「最初は仕事を取るのが大変だったけど、今は月に5万ぐらい稼いでいる。年に60万円ぐらいかな。これぐらいあれば、生活にもだいぶゆとりがでてくるよ」

大串は田村から届く年賀状のことを思い出した。数年前から家族旅行の写真が海外旅行に変わり、親の遺産でも入ったのかと思っていた。そういえば、田村の息子は今年から有名私立の中学校に入学する。学費だって安くないはずだ。


「逆にお前に聞くけどさ」

田村が枝豆を口にしながら言った。

「副業やらなくて、将来、不安じゃないのか?」

「不安? なんで不安にならなきゃいけないんだ? 仕事をやって、ちゃんとお給料が決まった日に振り込まれているんだから、不安なんて何もないだろ」

「おいおい、それが一番の不安だろ」

田村は顔をこわばらせた。

「今の給与水準がずっと続くわけがないだろ。印刷業界はシュリンクしているし、ネットに押されて紙の需要はどんどん減っているんだぞ。給料が上がっていくことはないにせよ、下がっていくことは確実だ」

「それはわかっているけどさ」

大串は口を尖らせた。

「これから日本の人口はどんどん減っていくんだぞ。印刷会社に限らず、多くの業界で市場規模が縮小していく。ITや医療関連の会社は給与が右肩上がりになるかもしれないが、古いビジネスモデルの会社で働くサラリーマンの年収は、急速に下がっていくと思った方がいい」

田村は「**会社だけの給与には頼ってられないよ**」と言いながら、冷奴に箸を伸ばした。大串は「うーん」と唸りながら顎を撫でた。

「でも、ひとつ疑問に思うんだが」

大串は田村の顔を見た。

「会社はなぜ副業を解禁したんだ？　副業を始める社員が増えたら、本業に集中できない奴等が増えて、業績が今よりも下がってしまうだろ」

田村は「ふーっ」とひと息つくと、「どこまで会社を信頼しているんだよ」と肩をすくめた。

「会社が副業を解禁したのは『**もうあなたの将来を会社は保証しません**』という意味なんだよ。給料が上げられなくなったから、他で働いて自分の生活は自分で守れと言っているんだ」

この言葉に大串はショックを受けた。サラリーマンになった理由は会社勤めをして、安定した生活を望んでいたからである。フリーターになって不安定な生活を送りたくないので、就職活動も頑張ったし、潰れない会社を就職先として選んだ。

しかし、35歳になって、いきなり会社側から「お前の将来は保証しない」と言われたら、話が違うじゃないかと声を大にして言いたくなってしまう。副業をして自分の給料を自分で稼げというのは、アルバイトを転々とするフリーターとなんら変わらない。

田村が腕時計を覗き込んだ。

「そろそろ終電だな」

大串が店主に「お会計」と、両手で大きなバツを作った。田村は店主からレシートを渡されると、「今日は俺が払うよ」とブランドの柄のついた長財布を取り出した。

「ちょうど副業の金が入ったんだ」

田村は席から立ち上がると、颯爽とレジに向かって歩き出した。その後ろ姿を見て、大串は言葉ではうまく表現できない気持ちに襲われた。

Chapter01

第1章
在宅で稼ぐ!
1億総副業時代のマネー戦略

田村と別れた大串は、まだ飲み足りなかった。

田村に対する妙な嫉妬心と、今聞いたばかりの副業の話をもっと咀嚼したいという二つの思いが交差して、気持ちがモヤモヤとしていた。どこかでゆっくり一人で飲める店はないかと、街の中を探し始めた。

しかし、酒に酔って迷子になってしまい、気づけば見知らぬ裏路地に入り込んでしまった。帰り道を探そうとうろうろ歩いていると、小さな空き地にポツンと佇む屋台を見つけた。

「こんなところだと客が来ないだろ」

大串はよほど変わった店主が屋台をやっていると思い、怖いもの見たさで暖簾をくぐった。

「いらっしゃい」

そこには人間と同じぐらいの大きさの巨大な猫が立っていた。三毛猫柄で、頬からはピンと髭を伸ばし、目を細めてニコリと大串に微笑んだ。自分が酒に酔っていると思い、何度も目をこすったが、目の前の猫は消えず、「どうぞ、どうぞ」と人間の言葉を発しながら、大串に席に座るよう促した。

「何を飲みますか?」

猫の店主が尋ねてきた。あまりにも自然体だったので、大串は「これはきっと夢だ」と思い、夢なら夢で楽しもうと考えを切り替えることにした。とりあえず「熱燗」と言って小さな丸イスに腰を下ろした。

副業しない人はバカ?

熱燗を一口飲んだだけで、激しく酔いが回った。しかし、悪い酒の酔い方ではなかった。心の中がふわりと軽くなり、気分がすぐに高揚した。不思議なお酒のせいか、思わず口から言葉がポロリとこぼれ出てきた。

「副業をやるヤツなんてバカですよ」

大串は「あっ」と自分の口をおさえた。なぜ、このような言葉を猫の店主に言ってしまったのか、自分でもわからなかった。

猫の店主は「ご安心ください」と、ニコリと笑った。

「うちのお酒は、心の底で思っていることを自然に引き出す力があるんです」

猫の店主はお酒のラベルを見せてきた。「本音酒」と書かれていて、大串は大声で笑い出した。

「シャレのきいたお酒ですね」

「でも、本音を引き出す力は抜群ですよ」

大串の表情が硬くなった。

「あなた、今、副業について思い悩んでいますね」

大串は田村の話を聞いて、副業の重要性は理解することができた。しかし、どこか見下されたような感じがして気分が悪かった。その思いが、本音酒によって「バカ」という言葉となって口からこぼれ出てきてしまったのかもしれない。

「ほんと、バカですよね」

猫の店主が頷きながら笑った。大串は共感してくれたことが嬉しくなって頬を緩めた。

「やっぱりそう思いますか。会社の仕事をほったらかしにして、副業をやるヤツはバカだと思いますよね」

「いやいや、**バカなのはこの時代に副業をしない人ですよ**」

大串は「はぁあああ?」と顔を歪めた。

「経済も景気も不安定なこのご時世に、本業だけで生活しようと思っているサラリーマンは、バカ以外なにものでもありません」

言葉を失っている大串に、猫の店主は畳みかけるように話し始めた。

「日本の企業にはサラリーマンが多過ぎなんですよ。経済が衰退して市場が縮小すれば、働き手はもっと少なくてもいい。それにAIが普及すれば、世の中の仕事はどんどん自動化されます。人間は仕事をさぼるから雇うだけムダです。まだ猫を雇った方がマシです」

「猫の方が働き者ということですか?」

「その通り。忙しくなったら『猫の手も借りたい』って言うじゃないですか」

大串は「それは役に立たない猫の手も借りたいって意味だよ」とツッコミを入れそうになったが、黙って猫の店主の話を聞き続けた。

「今後、従業員を削減する動きはますます加速していきます。そして、サラリーマンにとってもっと残酷な世界が始まるんです」

「リストラよりも酷いことってあるんですか?」

猫の店主はコクリと頷いた。

「それは**役職定年**です」

45歳で役職定年もあり得る時代

役職定年とは、管理職に就いている従業員が、ある年齢に達すると管理職を離れる制度のことである。大串の会社では55歳が役職定年を実施する年齢と定められており、役職を退任した従業員は、一般職や専門職として引き続き業務にあたることになる。

しかし、役職定年になると役職は解かれるため、責任のある仕事からは外される。給与も大幅に下げられて、場合によっては自分の部下の下で働くことになり、屈辱的な日々を過ごすことになる。

だが、大串には役職定年に対する不安がまったくなかった。役職定年は、いわば仕事ができない社員に対しての口減らしの制度だ。順調に出世している大串にとって、役職定年は関係のない制度だった。

「あなた、**自分は役職定年にはならない**と思っていますね？」

大串は身をたじろかせた。

「私は断言します。あなたは10年以内に必ず役職定年を迎えます」

「10年後って……まだ45歳ですよ。うちの会社の役職定年は55歳だ。そんなことは絶対にありません得ませんよ」

猫の店主は表情ひとつ変えなかった。

「役職定年は不要な社員の給料を下げる制度ではありません。人件費を削る制度なんです。今後、役職定年の年齢はどんどん下がっていきます。40代を役職定年にする会社が出てきても珍しくなくなってきますよ」

「そんなバカな」

大串は顔を引きつらせた。

「40代で役職定年になって給与が下げられたら、みんな会社なんか辞めてしまいますよ」

「本当に辞めますかね?」

猫の店主は髭をゆっくりと撫でた。

「40代で、今よりも給料のいい会社に転職できますか? あなたのキャリアは、そんなに世の中で唯一無二の貴重なものなんですか?」

大串は反論できなかった。斜陽産業の印刷業界で転職しても、給与は下がることはあっても上がることは絶対にない。

自分の積み重ねてきた印刷の知識やノウハウも、業界にいれば誰でも身につけられるものである。持っている人脈も下請けの印刷会社や中小企業の経営者ぐらいしかいない。40歳を過ぎてから雇ってくれとお願いしても、今の給与以上を出してくれる会社はひとつもないことは自分でも理解していた。

「会社もわかっているんですよ。あなたが転職できないことぐらい」

猫の主人は菜箸でおでんをつつきながら言った。

「役職定年にさせて、安い給与で雇い直した方が会社にとって都合がいいんです。たとえ仕事がバリバリにできて出世したとしても、その有能な社員を45歳から低賃金で雇えるわけですから、会社にとったらなおさら都合がいい話になるんです」

45歳で給与が下げられてしまったら、自分のライフプランは大きく崩れてしまう。

マンションのローンはそこから20年残ることになるし、10年後となれば小学3年生の菜々子が大学受験だ。そのタイミングで給与を下げられてしまうと、老後の計画も狂い始めてしまう。

「役職定年になったら何もかもおしまいだ」

大串は悲壮感が漂う顔をあげて、猫の店主の顔を見た。

「そのときになったら、いろいろ身の振り方も考えなきゃいけないですね」

「それじゃあ間に合いませんよ」

「どういう意味ですか?」

「手遅れってことです。**45歳を過ぎたら新しいことを考える力もなくなっているし、チャレンジすることも億劫になっています。**給与も下げられているからお金もないし、リスクも取りたくないから、結局、状況を打開できずに老後を迎えてしまうんです」

大串は「じゃあ、どうすればいいんですか」と苛立つ口調で言った。猫の店主は細い目をさらに細めて、ゆっくりと顔を近づけてきた。

「副業をやりなさい」

大串は目を見開いて「副業?」と聞き返した。

「副業にはさまざまなメリットがあります。副業でお金が稼げるようになれば、生活への不安がなくなります。スキルも磨けるので、仕事をする上での自信も身につきます。そのスキルを活かして本業の給与だって上げることができるんです」

大串は「なるほど」と腕を組んだ。自分の生活を安定させるための手段として考えれば、副業は将来設計に必要な生活防衛手段のひとつだと思った。

「副業は自分の『**もうひとつの人生**』**を楽しむ手段**でもあるんです。このままサラリーマン生活を続けることも幸せかもしれませんが、副業をすれば、自分が今まで知らなかった才能に気づくことができたり、知り合えるはずもない素晴らしい人に出会えたり、**同じ10年でも2倍の人生を楽しむことができる**ようになるんです」

リモートワークで副業可能に

猫の店主はそう言うと、「お待たせしました」と、おでんを差し出してきた。

「食べて下さい。私からのサービスです」

大串は「どうも」と頭を下げると、味が染み込んだ大根を口に頬張った。今まで食べたことがない、頬がとろけるような味が口いっぱいに広がった。

「これ、めちゃくちゃ美味しいですね！」

「ありがとうございます」

「こんな美味しい大根、食べたことがありませんよ」

「……羨ましいです」

「えっ？　どういう意味ですか？」

「私、おでんを食べたことがないんです」

「なぜですか？」

「猫舌だから」

「……」

「私も一度でいいから、おでんを食べてみたい」

猫の店主が羨ましそうな顔でおでんをじっと見た。猫舌ならおでんを出すような仕事はやめろよと言いそうになったが、話がややこしくなりそうだったので、大串は黙っておでんを食べ続けた。

大串の酔いはさらに深まっていった。
しかし、頭の中だけはなぜかしっかりしていた。通常よりも人の言葉がすんなり脳に入ってくるような感覚があり、ものごとを解釈するスピードも早い気がした。
「副業をやるなら、今がチャンスですよ」

猫の店主は、大串のお猪口に酒を注ぎながら言った。

「これから多くの企業が副業を解禁していきます」

「本当にそんな世の中になるんですか？」

「雇用のリスクを減らすために、フリーランスや副業者を活用して事業を回していくことに企業も力を入れていきますよ。働き方改革が進めば残業も減りますし、サラリーマンも副業する環境が整います。今後は副業者と企業を仲介するサービスがもっと充実していくと思いますよ」

大串は自分の会社でも社外に仕事を振るケースが増えていることを思い出した。簡単なデザインの仕事であれば、ランサーズやクラウドワークスなどの仲介サイトを使い、会ったこともない相手にチラシやパンフレットの制作を依頼している。

仲介サイトに登録しているのは企業だけではなく、会社勤めをしながら副業で仕事を受けている人も多くいるはずだ。

「**リモートワークの普及で、さらに在宅の副業がやりやすくなりました。**地方都市の企業が都心の大企業で働いている優秀な人材に、会議に参加してもらってアドバイスを受ける事案も増えています。今後、日本が『**大副業時代**』に突入していくことは確実です」

大串は「大副業時代かぁ」と独り言のようにつぶやいた。

「副業をやることが当たり前の世の中になって、副業を複数抱えるマルチな人を雇用する新しい雇用形態が、多くの企業でスタンダードになっていきますよ。本業で働く会社は、自分にとっての〝メインクライアント〟でしかなく、副業によってさまざまな会社から収入を得ていく生き方が、一般的なサラリーマンの働き方になっていきます」

猫の店主の話はにわかに信じられなかった。

しかし、働き方改革とリモートワークが同時に進んでいる今、もしかしたらすでに大副業時代は始まっているのかもしれない。

早く始めた人が必ず勝つ

猫の店主は、大串の顔をじっと見て「あなたは、今すぐ、副業をやるべきだ」と静かな口調で言った。

「今すぐにですか?」

「そうです。今始めなければ意味がありません」

猫の店主はゆっくりと身を乗り出してきた。

「副業をする人が増えれば、一般社会と同じように二極化が進みます。能力の高い副業者には単価の高い仕事がたくさん集まり、能力の低い副業者は、低単価の仕事の取り合いを始めます。そうなる前に、あなたはいち早く副業を始めて、自分のポジションを確固たるものにしなくてはいけません」

大串の副業に対するモチベーションは一気に高まっていた。自分が時代の最先端を走っているような気がして、今すぐにでも、副業に取りかかりたい気持ちになった。

「お会計、お願いします」

財布を取り出すと、猫の店主は「お代は結構です」と首を横に振った。

「たいしたお酒と料理を出していませんから」

「それは申し訳ないですよ」

「気にしないで下さい。それに、私、お金に興味がないんです」

「なぜですか?」

「猫ですから」

大串は「は?」と首を傾げた。

「猫はお金がなくても困らないんです。木に登ったり、ベランダで寝転んだり、猫砂をひっかきまわしたり、そうやって毎日をのんびり過ごせば幸せなんです」

猫の店主が言っている意味がさっぱりわからなかった。しかし、お金にこだわらない猫の生き方そのものは、羨ましいと思った。

「では、ごちそうになります」

大串は頭を下げた。そして、「また来ますね」と言って暖簾をくぐった。二、三歩よろよろと歩いたところで振り返ると、空き地にあった屋台は姿を消してなくなっていた。

「かなり酔っ払ったなぁ」

周囲を見回しながら、大串は自分の頬を叩いた。すべての会話がハッキリと記憶に残っていたが、猫の屋台というあり得ないシチュエーションを思い出し、すぐに夢だと納得した。

「何の副業をやろうかな」

大串はそう言うと、鼻歌を歌いながら帰路についた。

日本一カンタンな副業コラム①

副業解禁の背景と私たちのメリット

2018年1月に厚生省が「副業・兼業の促進に関するガイドライン」を公表した際、下記の一文が話題を集めました。

『人生100年時代を迎え、若いうちから、自らの希望する働き方を選べる環境を作っていくことが必要である』

これは直訳すると、**『100歳まで自らの力で生きろ』**という意味になります。つまり、老後の生活は国も会社も保証することができないので、若いうちから副業や兼業をしながらお金を稼ぐスキルを身につけて、自分の力で収入を確保してくれというのが、この一文には込められています。

「そんなバカな」と思うかもしれませんが、実際、少子高齢化がすすむ日本で、副業を解禁させる流れは加速しているのが現状です。

2019年にリクルートキャリアが行った兼業・副業に関する企業の意識調査によると、社員への兼業・副業について認めている企業（推進+容認）は30・9%と、2018年に行った前回調査の28・8%よりも2・1ポイント上昇する結果となりました。

また、兼業・副業を容認している企業のうち、「今後推奨レベルまで引き上げていく可能性がある」と回答した企業は、2018年度調査よりも8・1ポイント上昇しており、日本の企業が副業を解禁していく動きは、今後、ますます活発になっていくと思われます。

副業は企業にとってもメリットが多い

副業が解禁されていく理由は、少子高齢化だけが要因でありません。

働き方改革で残業代が減り、**給料減によって離職者が増えることを防止するため**

に副業を解禁する企業も少なくありません。最近では「副業ＯＫ」をアピールすることで求人数を増加させている企業も増えており、**「副業＝給与が増やしやすい」**と認識する人も多くなっています。

人口が減少して、どの業界も市場がシュリンクしていく今、給与を上げる現実的な策として「副業解禁」という策に注目が集まっているのです。

副業が増えている理由は他にもあります。

リクルートキャリアの調査によると、兼業・副業の導入理由で「人材育成、本人のスキル向上に繋がる」と回答した企業は２０１８年度の調査よりも６・２ポイント上昇しており、副業が本業に対して良い影響を与えていることが窺えます。

副業をやることによって、改めてビジネスの厳しさを知り、本業の良さを再確認できることは、企業にとっても人材育成の面で大きなプラスになると言えます。

副業の解禁と同時に増えるのが、**企業側の副業者の積極採用**です。

景気低迷が続くと、企業は人材採用に二の足を踏むようになります。スポットで仕事をしてくれる副業者の方が、採用リスクをゼロにすることができるので、パートやアルバイトを採用するよりも気軽に仕事をお願いすることが可能になります。

今後は**プロフェッショナルな副業者**の採用が活性化することが予想されます。ネット広告の運用のプロ、動画編集のプロ、営業企画のプロなど、企業側がピンポイントで高いスキルの副業者を活用しながら、事業を円滑に回していくスタイルがスタンダードになっていくと思います。

地方都市の企業は、今までプロの人材採用が非常に難しい状況に置かれていました。しかし、働き方改革とテレワークの普及によって、〝優秀な人材のつまみ食い〟が可能になりました。

例えば、昼間は東京の大手企業でバリバリにマーケティングの仕事をしている人が、夜は地方都市の企業でマーケティング会議に参加してアドバイスをするような副業スタイルが、今後は新しい働き方として注目されていくと思います（258ページに具体例を紹介）。

若い世代は副業に積極的

パーソルプロセス&テクノロジーの調査によると、副業をしていない人のうち、副業をしたいと思う人は「すぐにでもしたい」、「いずれしたい」を合わせると64・3%もあるそうです。年齢が若くなるほどその割合は多くなり、20代では70%を超える結果となりました。

また、副業未実施者の「副業をしたい理由」の調査では、「本業以外の収入を得たい」が圧倒的に多い中、次いで「自分のキャリアを広げたい」「スキルを活かしたい」「人脈を広げたい」といった、自身のキャリア開発への意識の高さが窺えました。

20代、30代の若い世代は、好景気の時期を体験することなく社会人になったという背景があります。将来に対して不安しかなく、「なんとかしなければ」という危機意識が、他の世代よりも強いのかもしれません。

そのような背景を考えれば、今後、若い世代から副業者が増えていき、10年後ぐらいには副業が「当たり前」の世の中になっているのではないでしょうか。

Chapter02

第2章
一番稼げる副業、絶対にやってはいけない副業

大串は猫の屋台の夢を見てからというもの、毎日のように副業について考えるようにな
った。しかし、考えれば考えるほど、**自分は副業に向いていない**のではないかという思い
の方が強くなっていった。

翻訳の副業をしている同期の田村のように特殊な能力があるわけでもなく、自分のビジ
ネスの才覚に一目置いてくれるような経営者の知り合いもいなかった。在宅の副業にはネ
ットビジネスが適しているのは理解していたが、ホームページを制作したり、システムを
構築したりする知識も経験もなかった。

妻の冬美も副業には反対だった。今の生活レベルには不満もないし、外車に乗ったり、
ブランド物を身につけたりしたいという欲もなかった。

「私は今の生活のままでいいわ」

リビングでコーヒーを飲みながら冬美が言った。

「でも、この先もずっとこの生活が続けられる保証はないぞ」

「じゃあ、**副業を始めたら確実に今よりも年収が上がるの？**」

大串は顔をしかめた。

「副業をすることになったら、会社から帰ってきてまた働くんでしょ？　働き過ぎて身体

でも壊したら本末転倒よ。それに、お金が欲しければ副業なんかしないで、給料の高い会社に転職した方がいいじゃない」

冬美は小さなため息を吐いた。

「副業する暇があったら、家事を手伝ってくれた方が私は助かるわ」

大串は返す言葉がなかった。

オイシイ儲け話が溢れている

大串は会社帰りの電車の中で、副業の情報をスマホで調べていた。

効率よく稼げる副業を探していると、『**ラクして月に10万円稼げるネットショップ副業教えます**』という広告を見つけた。最初に10万円を支払うと、ネットショップを運営する権利を買い取ることができて、何もしなくても月に3万円が振り込まれるという。この権利を複数保有することができれば、月に10万円の副収入が得られるというサイドビジネスだった。

ヘソクリをひねり出せば、10万円ぐらいは都合がつけられそうだ。権利を買い取って月に3万円の副収入が入れば、4ヶ月後には、またもうひとつのネットショップの権利を買うことができる。

さらに6万円の副収入が見込めれば、2ヶ月後には3個目のネットショップの権利を買い取ることができるので、半年後には月9万円が黙っていても懐に入ってくる計算になる。

「これが噂の錬金術ってやつか」

大串の皮算用は膨れあがっていった。この権利ビジネスを極めれば、月に100万円の副収入も夢ではない。実際、そのネット広告には、**ネットショップを運営する権利を買い取って大金持ちになった人の体験談**が掲載されていた。

大串は体験談を集中して読み込むあまり、降りなくてはいけない駅を乗り過ごして終点まで行ってしまった。すぐに折り返しの電車に乗ろうとしたが、ホームにいた駅員に、信号機の故障でしばらく電車が動かないと告げられた。修復に1時間以上かかると聞き、大串は仕方なく駅から出て、時間がつぶせそうなお店を探し始めた。

小さな商店街に入ると、『猫Bar』という看板を見つけた。大串は「もしや」と思って店内に入ると、カウンターには猫のバーテンダーが立っていた。笑顔で「いらっしゃいませ」

と声をかけてきた。

大串は驚いて一度お店の外に出た。大きく深呼吸をした後に自分の頬を数回叩き、再びお店の中に入った。夢ではない。目の前には人間と同じぐらいの大きさの猫が立っていた。姿かたちも数日前に会った屋台の猫の店主とそっくりだった。

「なんで猫がバーテンダーなんだよ！」

「まぁまぁ、細かいことは気にしないで」

「細かくないだろ！」

猫のバーテンダーは大串をなだめながら、席に座るよう促した。

「それよりも、今、あなたは副業について悩んでいますね」

大串は目を見開いた。しかし、前回出会った屋台の猫の店主といい、今回の猫のバーテンダーといい、猫たちに人の心の中を読む不思議な力があることだけは確かだった。

大串は、もう一度深呼吸をすると、じっと猫のバーテンダーを見た。副業の悩みが解決すれば、猫だろうが犬だろうが関係ない。今は自分の副業を決めることが最優先だと覚悟を決めて、言われるがままにカウンターの一番端の席に座った。

副業の選び方がわからない

大串は自分に適した副業が見つからないと打ち明けた。猫のバーテンダーは「なるほど」と言って、シェイカーを振り始めた。

「副業は選定方法のノウハウが確立されていないんですよ。ビジネスモデルの良し悪しよりも、本人の生活の環境に左右されるから、就職や転職よりも自分にあった副業を見つけることが難しいんです」

「いろいろな副業がありすぎて迷うばかりだ。自分にはスキルも人脈もないから、なおさら何をしていいか悩む」

猫のバーテンダーがカクテルを差し出した。

「ちなみに、今、興味を持っている副業はあるんですか？」

大串は「あぁ」と、スマホを取り出した。

「さっき電車の中で『ラクして月に10万円稼げるネットショップ副業教えます』という権利ビジネスを見つけたんだ」

猫のバーテンダーは大串のスマホをのぞき込んだ。

「これはやめておいた方がいいですよ」

「なんでだよ」

「考えてもみて下さい。**こんな簡単に儲けられる話があったら、みんなやっていますよね？**あなたの身の回りでネットショップの権利を買って、悠々自適に暮らしている人はどれだけいますか？」

大串は「それは……」と言いかけたところで口を閉じた。身の回りにネットショップの権利を買って、働かずに生活している人は誰もいなかった。

「10万円を振り込んだら、それらしいホームページを見せて『こちらがあなたの買ったネットショップですよ』って紹介するはずです。そして、そのまま音信不通になって、10万円はパーです」

「そんなの詐欺じゃないか！」

大串が声を荒げた。猫のバーテンダーは「しーっ」と人差し指を口元に持っていくと、身をかがめながら、大串に顔を寄せていった。

「あなたの言う通りです。これは詐欺なんです」

「なんでこんなことがまかり通るんだ」

「**副業は最も人を騙しやすいビジネス**なんです。ちょっと小銭が欲しいという小さな欲を詐欺師たちが突いてくるんです。相手も『ちょっとなら』と思ってすぐにお金を出してしまう。時間も手間もかけたくないから、余計にラクして稼げる話に騙されてしまうんです」

「こんなことやって、警察に捕まらないのか？」

猫のバーテンダーはクスッと笑った。

「捕まりませんよ。もし、仮にあなたがこの10万円を支払って騙されたら、警察に乗り込みますか？」

「そりゃあ……」

大串は再び言葉を止めてしまった。警察に被害届を出せば10万円を騙し取られたことが冬美にバレてしまう。

ただでさえ副業に反対だったのに、これで自分が副業で騙されたことが発覚すれば、それこそ大激怒だ。

それに犯人が仮に見つかったとしても、おそらく10万円は返ってこないだろう。裁判で決着をつけて弁済させようとしても、10万円以上の弁護士費用が発生することは確実だ。

「少ない金額の詐欺罪は、表に出にくいんですよ。だから、副業で騙される人が後を絶たないんです」

猫のバーテンダーの話を聞いて、大串は「ふざけんなよ」と、権利ビジネスのスマホサイトを人差し指でピンッと叩いた。

本業を副業にするとうまくいく

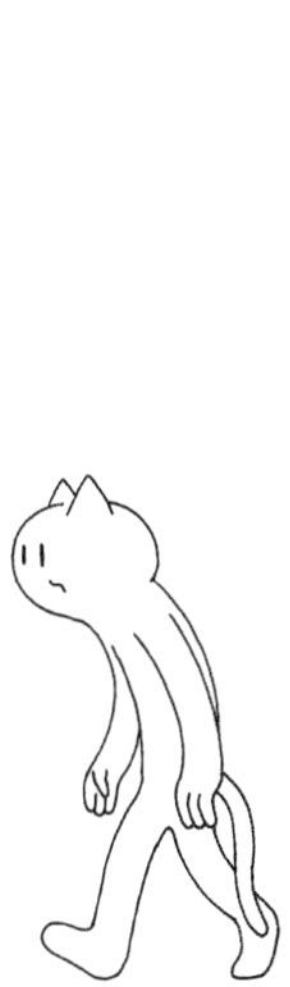

「どうすれば自分にぴったりの副業が見つかるんだ？」

大串はカクテルのグラスを傾けながら、眉間に皺を寄せた。

「まずは**世の中にどのような副業があるのか把握すること**です。その中で自分の能力とライフスタイルに合っている副業を探して、試行錯誤を繰り返しながら、自分に適したビジネスモデルに変えていくんです」

しかし、大串は世の中にある副業の種類がわからなかった。これでは自分にどんな副業が適しているのか、的を絞ることができない。

「どうしました？」

「副業の種類なんてたくさんあるだろ。どれを選べばいいのかわかりゃしないよ」

大串の言葉を聞いて、猫のバーテンダーは、「それなら」と店内を見回した。

「今日はお店にいろいろな業種の副業者がいます。一人ひとり紹介していきましょう」

猫のバーテンダーは店の奥を指差した。大串が振り返ると、暗がりの席でイヌがソフトクリームを食べていた。

「わあああああああああああああっ」

「どうしました？」

「いっ、イヌだ！」

「そりゃそうですよ。ゾウにでも見えましたか？」

猫のバーテンダーはゲラゲラと笑い出した。

「そうじゃなくて！　おかしいじゃないか！」

「あー、なるほど。お酒を飲むバーにソフトクリームがあることがおかしいんですね。あれ、じつは裏メニューなんですよ」

大串は「そこじゃねーよ」と小声で言うと、もう一度、後ろを振り返った。奥の席に座っているのは、確かにイヌだ。犬種はビーグル犬で、美味しそうにソフトクリームをぺろぺろと舐めている。

考えてみれば、バーテンダーが猫なら、客がイヌでもおかしな話ではない。そこにこだわっていたら、大事な話を聞き出すことができないと思い、大串は三度目の深呼吸をしてから「どうぞ、話を続けて」と、手元にあったカクテルに口をつけた。

「イヌはIT企業でシステムエンジニアをしているんです。でも、副業では別の会社のシステムを作る仕事をしています」

「今はどこの会社もIT化を進めているからな。システムエンジニアは引く手あまただ」

「まさにイヌの手も借りたいといった状況ですよ」

大串は「そこは猫だろ」と思ったが、突っ込む暇もなく猫のバーテンダーは話を続けた。

「副業の中でも、**『本業』の専門職を仕事にするのが一番稼ぎやすい**んです。例えば、社内のホームページを制作している社員が、他の企業のサイトを作ったり、中小企業診断士の資格を持っている社員が、自分の働いている業界とは別の業界の企業の経営アドバイスをしたり、自分の持っているスキルを副業に活かすことが、最も効率がいい副業なんです」

「でも、平日に仕事をしていたら、副業の営業をする時間がないだろ。あのイヌは、どうやってクライアントを見つけてきたんだ？」

「**仲介サイト**を利用したんですよ」

働いた分だけお金がほしい

大串は「あぁぁ」と手を叩いた。仲介サイトに登録すれば、あとはクライアント側からのアプローチを待つだけである。自分からもネットを通じて営業をかけることもできる。しかし、同時にもうひとつの疑問が大串の頭の中に浮かんできた。

「ひとつ聞きたいんだが……その仲介サイトというのは、おそらく『**クラウドワークス**』とか『**ランサーズ**』のことだろ」

「その通りです。よくご存じで」

「ああいう仲介サイトは確かに便利だ。だけど、一方でたくさんの副業者が登録しているから、なかなか仕事のオファーがもらえないような印象もあるんだが」

猫のバーテンダーは「おっしゃる通りです」と、顎に手を当てながら頷いた。

「仲介サイトで仕事を取る場合は、最初は報酬が安くてもいいから、案件をたくさん取ることに集中した方がいいんです。評価の数も集まるし、仕事をこなした数だけ自分のスキルも上がっていきますからね。その方があとあと自分の副業にプラスになります」

「でも、そんな安売りしたら儲からないだろ」

猫のバーテンダーは「それがサラリーマンの考え方なんですよ」と肩をすくめて笑った。

「サラリーマンは固定給で働いているから、**働いた分だけお金をもらわなければ損した気分になってしまう**んです。だから、自分のスキルを磨く鍛錬の時期がバカバカしく思えて、副業をすぐにやめてしまうんです。副業は時間給で保証された給与がもらえるものではありません。能力給でお金を稼ぐビジネスです。能力が高まるまではスキルを磨くことに専念しなくてはいけないんです」

大串が「その通りだ」と頷くと、猫のバーテンダーはさらに話を続けた。

「スキルの低い人にお金を払うほど世の中は甘くありません。でも、逆を言えば、**相手からお金をもらってスキルが磨ける**のであれば、これほど美味しい仕事はありません」

「タダでお金が稼げるスキルを磨けるのであれば、安いもんってことか」

「仕事をこなしていくうちに、どのように交渉すれば高い料金で仕事ができるようになるのか、副業者としての交渉力も身についていきますよ」

サラリーマンであれば、会社のネームバリューで仕事を取ることができる。しかし、副業者は自分の腕と交渉力だけで仕事を取らなくてはいけない。そんなスキルは実践を積まなければ身につけることはできないし、時間をかけなければ習得することはできない。

「イヌもこの店に来た頃は、**『自分のスキルなんて誰も必要としていない』**と嘆いていました。でも、副業をこなしていくうちに自分のスキルに自信を持つようになって、今では本業よりも副業の方が稼ぎがいいぐらいです」

大串はもう一度イヌのほうに目を向けた。ペロペロと美味しそうにソフトクリームを舐めているイヌよりも、自分の方が年収が低いと思った。イヌに負けたかと思うと、だんだん気持ちが落ち込んでいった。

「どうしました？」

猫のバーテンダーが大串の顔をのぞき込んだ。

「本業のスキルを活かして副業するのは確かに効率がいい。しかし、俺には企業が欲しがっているような特別なスキルは何ひとつない。あそこにいるイヌの真似ごとはできないよ」

趣味を副業にするという発想

大串は氷の溶けたカクテルに再び手を伸ばした。

「そうですか、イヌの真似ごとはできませんか」

猫のバーテンダーはきょろきょろと周囲を見回した。

「それなら、サルの真似ごとならできますか?」

大串は「はぁ?」と口元を歪めた。

「俺にサル真似をしろというのか?」

「とりあえず、あちらを見てください」

猫のバーテンダーが見つめる方向に視線を向けると、壁際のテーブルでサルがピーナッツを摘まんで食べていた。大串は一瞬たじろいだが、先ほどのイヌで驚く免疫がなくなっていたのか、「サルもいるんだ」と冷静な口調で言った。

「あそこにいるサルは、**絵やイラストを描くことを副業にしています。**ホームページに挿絵を描いたり、企業のカタログに4コマ漫画を描いたり、趣味で描いていた絵の才能でお金を稼いでいます」

「イラストレーターが本業なのか？」

猫のバーテンダーは「いいえ」と首を横に振った。

「本業は介護職をやっています」

「……噛みついたりしないのか？」

「そりゃしますよ。サルですから」

猫のバーテンダーは再びゲラゲラと笑い出した。

「だから、サルは自分が介護職に向いていないとずっと悩んでいたんです。だけど、今の仕事を辞めてしまったら収入がゼロになってしまう。そこで、本業の介護職をやりながら、イラストを描く副業を始めることにしたんです」

大串は「噛みつくんだったら、最初から介護職なんか選ぶなよ」とつぶやいた。しかし、猫のバーテンダーは構わず話を続けた。

「生活のための本業と、趣味のための副業で、今はバランスよく仕事をしています」

「でも、イラストや漫画を描く仕事はお金にならないだろ」

「無名のイラストレーターですからね。**1点描いて数千円ぐらいしかもらえない**ときもあるそうです」

「それじゃあ儲からないだろ」

「別にいいんです。お金が稼げなくても」

猫のバーテンダーはさらりと言った。

「好きなイラストを描き続けていればサルは満足なんです。夜中まで絵を描いていても、土日を潰してイラストを描いていても、サルは苦にも思わないんです」

大串は「そういうことか」と呟いた。

もともと絵を描くことが好きなら、何時間働いていても、それは遊んでいることと大差ない。まして、その遊びでお金までもらえるのなら、それこそ天職といってもいいぐらいの仕事だ。

「他にも**趣味を活かした副業**はたくさんあります。動画を制作したり、音楽を作ったり。自分の大好きな趣味だからこそ、本業で働いた後でも楽しく働けるから、副業が長続きするんです」

「でも、報酬が安ければ、いくら好きでもやる気をなくしてしまうぞ」

サルのバーテンダーは「いいところに目をつけましたね」とニヤリと笑った。

「だからサルは**仲介サイトで仕事を取らない**ようにしています。自分のツイッターにイラストや漫画を公開して、直接クライアントから仕事を取っています。直で仕事のオファーがあるので、中間マージンが発生しません。だから相場よりも価格は安いですが、実入りがいいんです」

特別な才能がなくても稼げる

大串は腕を組んだ。自分にはサルのように熱中できるような趣味はない。会社から帰ってきて、さらに仕事をしても苦にならないような、才能を活かした副業をすることはできないと思った。

「他に副業はないのか？」

猫のバーテンダーは「そうですねぇ」と周囲を見回した。

「サルの隣りにいるお客様の副業なんかは面白いですよ」

大串が振り向くと、サルと同じ席に白いハツカネズミが座っていた。顔を赤くして酔っ払っていることがすぐにわかった。

「あのネズミの本業はＯＬです。特技はありません。あなたと同じで趣味もない。だけど、副業で荒稼ぎしているんです」

「どうやって？」

大串は前のめりになった。

「**代行の仕事**をしているんです。データを打ち込んだり、整理をしたり。外注のスタッフとして、本業の人たちに代わって仕事を請け負っているんです」

データ入力などの単調な仕事は、わざわざ内部の正社員がやらなくても、外部の副業者に任せればいい仕事だ。やり方さえ覚えれば、そこまで高いスキルは求められない。猫のバーテンダーが言う通り、社員の代わりやるような単調な仕事であれば、特殊な才能がなくてもできそうな副業だ。

しかし、大串の中である疑問が浮かんだ。

「**誰にでもできるような仕事は報酬が低いんじゃないか？**安く働いてくれる人は世の中にたくさんいるぞ」

「鋭いこと言いますねぇ」

猫のバーテンダーはマドラーでコップを叩いた。

「ネズミの仕事ぶりはクライアントから評判がいいんですよ。締め切りは守るし、仕事は丁寧。一度お願いしたら、ほとんどの会社がリピートしてくれます。だから一般の副業者よりも仕事の単価が少しだけ高いんです」

「おいおい、ちょっと待ってくれ」

大串は話に割って入った。

「締め切りを守るのも、仕事を丁寧に仕上げるのも、社会人として当たり前だろ」

「そう思うでしょ？」

猫のバーテンダーはもったいぶった口調で言った。

「副業をやる人のほとんどは『副業だから』と気を緩めてしまって、**適当に仕事をしてしまう**んですよ。本業が忙しくて、依頼された仕事を放り出して逃げてしまう人も少なくありません。その中で、きっちり仕事をしてくれるネズミのような存在は、じつは貴重な副業者になるんです」

大串は「そういうことか」と口元をおさえた。副業となれば「どうせ片手間でやっているんだから」と適当にやってしまう。本業ではないから責任感もないし、途中で放り出してしまう副業者も多いはずだ。

大串はネズミが代行の仕事で重宝される理由がよくわかった。しかし、同時に自分がネズミのようにきっちり仕事をする自信がなかった。

「興味のない副業だったら、俺も適当に仕事をやってしまうかもしれないな」

「代行の副業は単調な仕事が多いですからね。飽きて数ヶ月で辞めてしまう人も多いんです。だから安定して仕事をきっちり仕上げてくれるネズミのところに仕事が集まってくるんです」

「ネズミは仕事をやればやるほど、どんどんオファーが増えていくってわけか」

「ええ、まさにネズミ算式です」

大串は「ネズミ算じゃなくて、ただの足し算だろ」と鼻で笑いながらも、代行の副業が自分に向いていないことがわかり、再びため息をついた。

「カウンター席にも面白い副業をやっているお客様がいますよ」

猫のバーテンダーは横目でチラリと合図を送った。大串がその方向に顔を向けると、端っこの席で口をぱくぱくとしているブリがいた。

「……魚もこの店に来るのか？」

「今は不景気ですからね。客を選んでいる場合ではありません。ほ乳類や鳥類以外のお客様にも来店してもらわないと」

海にいるブリが、どうやって陸上のこの店までやってきたのか大串は不思議で仕方がなかった。しかし、どうせ聞いてもまともな返事が返ってこないと思ったので、黙って話を聞き続けた。

「ブリはホームページ制作会社で働くサラリーマンです。でも、副業では**不要品回収のビジネス**をやっているんです」

「そんな大がかりな仕事、片手間の副業でできるのか？」

「彼はホームページを作って、メールで発注がきたら、それを回収業者に回しているだけです。いわゆる『**仲介**』って商売ですね」

大串は「そんな副業もあるのか」と膝を叩いた。ネットに弱い業者は世の中にごまんとある。そのような業者の代わりにホームページを作り、お客さんからオーダーを取って業者側に伝えるだけなら、本業の片手間でもできそうな仕事量だ。

「これなら専門知識もいらないし、ホームページさえ作ればどうにかなりそうだな」

「だけど、二つ注意点があります」

猫のバーテンダーは声をひそめた。

「信頼できる会社をパートナーにしなければ、仕事を回しても相手に『その仕事は不成立でした』と嘘をつかれて、仲介料がもらえない事態になる可能性があります。あと、つねにホームページを上位に表示していなければ注文や問い合わせが入ってこないので、運営には検索対策やネット広告の知識が必要になります」

「業者選びも大変だが、それ以上に運営も大変そうだな」

大串は腕を組んだ。

「あのブリも業者探しに2年、検索結果で上位表示させるのに1年かかりました」

「そんなに苦労したのか!」

「この店に来たときは、まだワカシだったんです。それがイナダになり、ワラサになり、ようやく最近、ブリになって商売が軌道に乗ってきたんです」

「まさに出世魚だな」

大串は自分でもうまいことを言ったと思った。しかし、猫のバーテンダーは目を細めながら「は?」と言うと、何事もなかったような表情で、手元のコップを拭き始めた。

投資で稼ぐ意外なメリット

沈黙の後、猫のバーテンダーは「そうだ、そうだ」と手を叩いた。

「一人紹介するのを忘れていました。手前のテーブル席を見てください」

大串が目をやると、すぐ近くの席でウシが眠たそうな顔をしてちびちびとお酒を飲んでいた。

「あのウシは『**株投資**』**の副業**をやっているんです」

「儲かっているのか？」

猫のバーテンダーは両手を広げて「ぜんぜん」と答えた。

「お小遣い程度しか稼げていません」

大串は「なーんだ」と頭の後ろで手を合わせた。

「でも、**株の投資をするようになってから経済新聞を読むようになり、企業の決算書がわかるようになりました。**おかげでどの業界が儲かっているのか把握できるようになって、今ではOA機器の販売会社でトップセールスマンとして働いています」

猫のバーテンダーは「なかなかな高給取りらしいですよ」とニヤリと笑った。

大串は副業にはさまざまなタイプがあると思った。イヌのように本業よりも稼ぐヤツもいれば、サルのように趣味に没頭できればお金には無頓着なヤツもいる。ウシも副業の株では儲かってはいないが、副業で稼ぐことを目的に勉強をして、本業が稼げるようになれば、これはこれで結果オーライと言える。

「株投資は儲かるんだろうか？」

特技もなく、地味な仕事にも興味がなかった大串は、株投資なら自分でもできるのではないかと思った。しかし、猫のバーテンダーは「うーん」と唸ると、「やっぱり大変ですよ」と言葉を続けた。

「世の中には三度の飯よりも株が好きな人がたくさんいます。しかも投資に対して天才的な才能を持っている人もいる。そんな猛者たちに、今から株の勉強を始めたあなたが、勝てると思いますか？」

猫のバーテンダーの話はもっともだと思った。株の基礎知識も興味もない自分が、ちょっと勉強しただけで、儲けられるほど甘い世界ではないと思った。

「仮に株投資をやるのであれば、**小さな金額の投資から始めることです。**そこで勉強をしながら経験を積み、興味を深めてから本格的に株投資に取り組んでいった方がリスクを最小限でとどめることができます」

「中途半端が一番良くないということか」

猫のバーテンダーはコクリと頷いた。

「**株は大きなお金をかけなければ、投資のうまみがないんです。**小さなお金しかかけられず、さらに株にも興味がなければ、手をつけない方がいい副業だと思いますよ」

大串は株投資にはまったく興味が湧かなかった。人の会社の売上にも興味がなかったし、それについて勉強する気力も湧かなかった。そう思うと、ボケーッとしているように見えるウシも、きっと株のことについてたくさん勉強して、努力したに違いない。

「ウシも頑張ったんだろうな」

大串が感心した口調で言った。

「死ぬほど勉強したらしいですよ。おかげで体調を崩して乳が出なくなった時期もあったそうです」

その話を聞いて、大串は言葉を失った。

「どうしました?」

「……いや、ウシは大変だなぁと思って」

「何がですか？」

「昼間はOA機器の会社で働いて、夜は株の投資もして、しかも、朝は乳も絞り出さなきゃいけないいんだろ」

「ストレスが溜まったときは乳脂肪分の数値が下がるらしいですよ」

大串はそんなプチ情報はどうでもいいと思い、再び大きなため息をついた。

最も稼げる⁉ オーナー副業

猫のバーテンダーは「最後にもう一人だけ紹介させて下さい」と、店内の一番奥のソファ席に視線を動かした。そこではゴリラがふんぞり返り、一升瓶の酒をがぶ飲みしていた。

「あのゴリラは、この店で一番副業で稼いでいるんですよ」

「どんな仕事をやっているんだ？」

「オリジナルの革鞄を作って、それを**ネットショップで販売**しています」

「副業の域を超えて、会社経営に近いな」

大串の言葉に、猫のバーテンダーは「ちゃんと本業もやっていますよ」と笑いながら答えた。

「ゴリラはバナナ農園で働いています」

「全部食っちまうだろ！」

「だから、会社では毎日怒られているそうです」

「当たり前だ！」

「お腹がすいたら、気持ちが抑えられないと言っていました」

「抑えろよ！」

大串は連続でツッコミを入れた。農園のバナナを食べるゴリラも悪いが、ゴリラを雇った社長も頭が悪いと思った。

「バナナ農園の話はさておき」

猫のバーテンダーは軽い咳払いをすると、ゆっくりと話し始めた。

「**革靹は知人の会社に作らせて、ネットショップはホームページを制作している会社に運営を代行させています。**ゴリラはバナナ農園で昼間は働いて、夜は家に帰って売上報告書やネットショップのデータなどを見て、チャットで1時間ぐらい現場に指示を出すだけです。仕事としては副業でも十分やっていける量です」

大串は「うーん」と唸った。商品をどこかの会社に作らせて、それを誰かに売らせることができれば、自分はお店を管理するだけの仕事になる。本業の片手間でも十分できる仕事量といえる。軌道に乗れば事業を大きくすることもできるし、その先には独立して経営者になる夢も広がる。

「お金を稼ぐなら、やはり『商売』が一番儲かるんです。他にも、知人に出資して飲食店を経営したり、大学生に学習塾の運営を任せたり、**ビジネスオーナーになる**というのも、ひとつの副業のあり方だと思います」

大串はいろいろな副業を教えてもらったが、その中でも『商売』というビジネスに一番興味を持った。これといった特技はないし、地味な仕事も苦手なので、他の副業はできそうになかったが、商売に関しては、サラリーマンでは味わえない面白いことが体験できそうなイメージがあった。

「でも、この副業にも注意点があります」

猫のバーテンダーは大串の顔を見た。

「商売には必ず投資がつきものです。他の副業と違い、このビジネスモデルは失敗したときの痛手がとても大きい。大規模な副業に手をつけたがために、自分の人生が狂い、本業すら辞めざるを得なくなった人もたくさんいます」

大串は猫のバーテンダーの重みのある言葉に耳を傾け続けた。

「もし、あなたが『商売』の副業に手をつけるようなことがあれば、事前の市場調査、競合調査は必ずやってください。そして、自分のビジネスモデルを成長させるために、本業以上に必死になって勉強して下さい」

時間の切り売りはお勧めしない

「話は以上です」

猫のバーテンダーは「副業は全部で六つあります」と、6枚のコースターを取り出して、その裏に一つひとつ副業を描き記した。

「ひとつは、イヌがやっている『本業』の副業、二つ目はサルがやっている『趣味』の副業、三つ目はネズミがやっていた『代行』の副業、四つ目はウシの『株投資』の副業、五つ目は『仲介』の副業、六つ目は『商売』の副業です」

カウンターに6枚のコースターを並べると、猫のバーテンダーは「これ以外の副業はやらない方がいいですね」と、髭をさすった。

「夜勤のコンビニや、食事を自転車で配送する仕事も、大枠で言えば『副業』に含まれます。しかし、あのような仕事はただの**時間の切り売り**でしかありません。未来に繋がるスキルアップの仕事にはならないので、時間の浪費で終わってしまいます」

コースターに描かれた六つの副業は、スキルを高めることができれば報酬が上がるものばかりだった。

一方、コンビニや宅配の仕事は、時間給や出来高制で働くので仕事を極めても報酬はほとんど変わらない。それに大学生やフリーターに混じってサービス業の副業をするのは、社会人として惨めな思いをするのではないかという思いもあった。

「失礼ですが、ご年齢は？」

大串は「35だ」と短く答えた。

「今のアルバイトの平均時給は1000円前後です。残りの貴重な人生の時間を、1時間1000円で売ってもいいんですか？　あなたの1時間はそんなに安いんですか？」

その言葉は、大串の心に深く突き刺さった。社会人になって今まで積み上げてきた人生が、時給1000円に換算されるのは、あまりにも悲しすぎた。

家族と過ごす時間を犠牲にしてまで1時間働いて1000円が欲しいのかと言えば、答えは即答でノーだった。

「時間の切り売りをする時間給の副業には未来がありません。でも、自分の能力で稼ぐ副業には、報酬が上がったり、スキルアップしたりして、大きな報酬の仕事を任されたりする可能性があります。時間給で働くか、能力給で働くのか、選択の余地はないんです」

今までは、本業以外の副収入を得たいという思いの方が強かった。

しかし、本音を言えば「自分の能力で稼ぐ」というスキルを持つことの方が、収入を増やすことよりも興味があった。

小銭を稼ぐことが目的ではなく、**将来に渡って通用する自分のスキルを磨き、人生のリスクを最小限にすることが、副業をする本当の目的**だと思った。

大串は今すぐ家に帰り、猫のバーテンダーから教えてもらった6種類の副業について、自分に向いている仕事は何か、真剣に考えようと思った。

「ごちそうさまです」

代金を支払おうと財布を取り出すと、猫のバーテンダーは首を横に振り「お代はすでにもらっています」と、奥のソファ席に向かって手を差し伸べた。大串が振り返ると、ゴリラが親指を立ててニコッと笑った。

そのゴリラの姿を見て、大串は将来ああいう副業者になりたいと思った。しかし、すぐに頭の中に「バナナ泥棒」という言葉が浮かび、「金があるならバナナなんか盗み食いするなよ」と思った。

「今日はいい話が聞けたよ」

大串は帰り支度をしながら猫のバーテンダーに頭を下げた。そのとき、バーにたてかけてある時計に目が行き、「あっ!」と声を発した。

「どうなさいました?」

「終電に乗りそびれた!」

時計の針はすでに夜中の1時を回っていた。いくら遅延があったとはいえ、この時間に電車が走っているはずがなかった。

「まいったなぁ」

大串は頭を抱えた。近くにホテルや漫画喫茶もなさそうだ。どうやって始発まで時間を潰せばいいのか。

「お困りのようですね」

「明日、朝イチで会議なんだよ」

「それなら、タクシーで帰りますか？」

大串は「冗談じゃない」と首を横に振った。

「ここから自宅までタクシーで帰ったら1万円は軽く超えてしまう」

その言葉に、猫のバーテンダーは「それなら」と言葉を繋いだ。

「深夜バスはどうでしょうか。タクシーほどお金はかからないと思いますよ」

「こんな田舎に深夜バスなんか走ってないだろ」

大串が呆れた口調で言うと、猫のバーテンダーは「それがあるんですよ」とカウンターに肘を置いた。

「この店の前に深夜バスが停まるんです」

大串は怪訝な顔をした。

「大丈夫です。ちゃんとあなたの家まで送り届けます。なんたってバスの運転手はうちの弟ですから」

大串は「弟?」と聞き返した。

「つまり……猫の運転手ということか?」

「当たり前です。猫の弟がチンパンジーだったら、それこそ一大事です」

大串は「猫が運転する深夜バスの方が一大事だよ」と言いかけたが、へんなことを言ってバスに乗れなくなるのは困ると思い、とりあえず、「それは助かる」と、席から立ち上がった。

日本一カンタンな副業コラム②

副業の6つの型・どれを選ぶ？

副業は大きく分けて6種類あります。

1. 本業のスキルを活かした副業
2. 趣味を活かした副業
3. 仕事を代行する副業
4. 株式投資の副業
5. 企業とお客を仲介する副業
6. 商売の副業

以下、それぞれの特徴を紹介します。

1. 本業のスキルを活かした副業

【向いている人】専門職などに就き、他人にはない特別な技能を身につけている人
（スキル★★★　リスク★　リターン★★★）

1は本業のスキルを、他の企業や個人に提供する副業です。システムエンジニアやコンサルティング、ネット広告の運用やマーケティングなど、本業で培ってきたノウハウを提供することで、お金を稼ぐ方法です。

この副業のメリットは、**新しく自分が学んだり、勉強したりする必要がほとんどない**点です。本業でさえしっかり仕事をしていれば、必然的にスキルも上がっていくので、まさに一石二鳥で稼げる副業と言えます。自社以外のいろいろな現場で仕

竹内謙礼は見た！ 成功例を一部紹介

副業	内容
プレゼン資料のつくり方を教える	プレゼン資料作成のスキルを活かして、そのノウハウを「ココナラ」で販売。月数万円の副収入を得る
ネーミングを考案する	クリエイターとして働く傍ら、スキル販売サイト「タイムチケット」で商品などのネーミングを考案し、提供する
車のフロアマット販売	本業は自動車関連の仕事。運転席の足下に置くフロアマットをもっとオシャレにしたいと思い、自作。販売したら注文殺到

事をすることができるので、本業のスキルアップにも直結します。

　本業で培った人脈を活かした副業もお勧めです。クライアントに取引先を紹介したり、有能なブレーンを紹介したりする副業は、拘束時間も短く、単価も高いので中高年の副業として人気です。

　一方、この副業のデメリットは、専門的なスキルを身につけている、**一部の人しか副業として稼げない**点です。エンジニアや専門分野のコンサルタントであれば、貴重なブレーンとして高い報酬を得られますが、本業が特別なスキルを要さない営業や接客の仕事の場合、よほどの実績がなければ副業として成立させることは難しいのが現状です。

2．趣味を活かした副業

【向いている人】絵や文章、写真など趣味で創作したものが一定の評価を受けたことがある人

（スキル★★　リスク★　リターン★★）

2の趣味を活かした副業とは、イラストや漫画、文章や写真など、趣味でやっていたことでお金をもらう仕事です。広義で言えば、結婚式の司会やスポーツインストラクター、専門分野に特化した評論家なども、このカテゴリーの副業に含まれます。

趣味の副業で成功するためには、「**お金儲けがしたい**」のか「**趣味を楽しみたい**」のか方向性をしっかり決めることです。

趣味といえどもその分野には必ずプロと呼ばれる人がいます。よほど特殊な才能がない限り、セミプロの副業者では勝ち目がないのが現状です。趣味を活かしてお金儲けがしたいのであれば、将来的に独立してフリーランスになるぐらいのガッツが求められます。

しかし、そこまでの気力がないのであれば、ほどほどの単価で仕事をして、ストレスにならない程度に仕事をこなすぐらいのポジションで仕事を請け負うのが無難と言えるでしょう。

趣味の副業を成功させるためには、**第三者の意見を聞くことも重要**です。

クリエィティブな仕事は商品やサービスの付加価値がわかりづらく、どうすればクライアントから高い評価を受けるのか、自分一人で仕事をしていると掴みにくいところがあります。

友達でも親類でもいいので、自分の作品について率直な意見を言ってくれる人を数人身の回りに置いておくことも、趣味の副業を成功させる上で大切な環境づくりのひとつと言えます。

また、**コンテンストや大会に積極的に応募して、客観的な評価を受ける**ことも、趣味の副業の単価アップの策になります。クリエィティブな仕事はクオリティが良いのか悪いのか判断が難しい商品です。基準が決めにくいため、単価がバラつくのが難点です。

文章であればキャッチコピーやエッセイで賞を受賞したり、イラストであればポスターのコンクールで入賞したり、「この人はどこかで認められた人なんだ」と相手に思ってもらえるような客観的な評価があれば、単価の高い仕事が受けやすくなり、それらの賞が担保となって、大きな仕事が舞い込んでくるチャンスに繋がります。

賞やコンテンストがない趣味であれば、大手企業の仕事を受けた実績や、仕事をこなしてきた件数などが客観的評価になります。「この人に仕事を頼んだら大丈夫」と思われるような評価を得る指標を作ることが、趣味の副業で稼ぐ上で重要なブランディングになるのです。

ただし、仕事を引き受ける際にひとつだけ注意してほしいことは、「素人だから」「趣味だから」と、請け負った案件に手を抜いてしまうことです。副業といえども、お金が支払われる仕事です。

仕事を頼んだ立場としては、アマチュアもプロも関係ありません。自分が本業で仕事をしているときと同じように、準備をしっかり行い、アフターフォローまで手を抜かず、プロとして仕事を全うすることを心掛けましょう。

竹内謙礼は見た！ 成功例を一部紹介

副業	内容
バドミントン上達法販売	趣味のバドミントンを活かして、上達法をＤＶＤにして販売。ラケットなどオリジナルグッズの物販も積極的に行う
文章副業	在宅ワークサービス「ザグーワークス」に登録して、文章を書く副業で月収40万円稼ぐツワモノも
写真販売	趣味の写真撮影を活かして、休日にオフィス街や自然の風景を撮影。「ＰＩＸＴＡ」に撮った写真を掲載して販売

3. 仕事を代行する副業

【向いている人】単調作業が苦にならない人

（スキル★　リスク★　リターン★★☆）

3の仕事を代行する業務は、**いわゆる単調作業の副業**のことです。データ打ち込み、検索対策用のコンテンツ作り、動画編集、翻訳、ロゴ作成など、少しだけコツを覚えれば、誰でも簡単にできるような副業が、このカテゴリーに含まれます。

単調作業で単価も安いですが、確実にやった分だけお金になるのがこのタイプの副業の魅力です。一方で長時間拘束される仕事も多く、付加価値がつけづらい副業のため、過労働になりやすいところがあります。

また、始めるハードルが低い分、すぐに新しい副業者が現れてくるので、仕事が奪われたり、値下げを要求されたり、収入が安定しなくなるのも、この手の副業の注意すべきポイントのひとつと言えます。

誰にでもできる仕事はいくらでも替えが効くので、ひとつの企業と息長くおつき合いするためには、つねに請け負った仕事に対して緊張感を持つ必要があります。

スピーディに仕事を終わらせたり、柔軟性のあるフレキシブルな対応をしたりして、クライアント側に「重宝したい副業者だ」と思われることが、代行の副業で安定した収入を得るコツと言えます。

ただでさえ単価の低い仕事を請け負うことになるので、仲介サイトから仕事を取るのではなく、**TwitterやInstagramなどのSNSを活用して、利益率の高い仕事を増やしていく**のも一手です。

定期的にSNSで情報を発信したり、noteやYouTubeを使ってノウハウやコンテンツを公開したりすることで、直受けの仕事を増やすことも、単価の安い代行の副業において、手元に残るお金を増やす方法のひとつと言えます。

竹内謙礼は見た！ 成功例を一部紹介

副業	内容
データ入力やリサーチなど請け負う	資料作成や経理事務などを、地方や海外在住のおもに主婦が代行するサービスが人気
グチの聞き役	人の悩みやグチを電話で聞くという副業。特別なスキルは必要ないが、ガマン強さは必要かもしれない
墓参り、掃除、散歩代行	コロナ禍で帰省できない人に代わり、墓参りする需要増。ペットの散歩代行もニーズあり。お遍路代行も需要がある

4. 株式投資の副業

【向いている人】投資のリスク許容度が高い人。価格変動に一喜一憂しない人

（スキル★★　リスク★★　リターン★★★☆）

4の株の投資も、副業として人気です。**在宅でできる上に、限られた時間内でできる**ので、会社勤めの人に適した副業と言えます。また、他の副業と違い、クライアントやお客相手の仕事ではないので、ストレスが少ないことも、株の投資の副業の魅力です。

しかし、株の投資の本当の魅力は、**儲かる確率が相対的に高い賭け事である**点です。株は胴元である証券会社の取り分が数%と少なく、その残りを投資した人で配分するため、他の賭け事よりも勝つ確率が高い、と言っていいでしょう。

一方、パチンコや競馬は、胴元の取り分が大きいため、賭けた人への配分が減らされて、勝つ確率が下がる構造になっています。

とくに宝くじの場合は胴元の取り分が50%もあるので、簡単には儲からない仕組になっています。当たり前のことですが、宝くじを買うことを副業にすることが不可能なのは、このような胴元の取り分によって、儲かる確率が下がってしまうのが要因なのです。

株を買うときに絶対にやってはいけないのは、**プロの投資家が勧める株を、そのまま言いなりで買ってしまうこと**です。もし、100%儲かる株を教えてくれる人がいれば、みんながその人に聞いて同じ株を買うので、結局は儲からない株になってしまいます。

株に限らず、商売や賭け事はそもそも外れる確率が高いものなので、確実に稼げるうまい株の話など、世の中に存在していないのです。

もし、プロの株投資家から教えを乞うのであれば、**どの株が儲かるかを聞くのではなく、どうしたら株で儲けられるのか、投資の理論を学ぶことをお勧めします。**

株投資は自分で学ぶよりも人に教えてもらった方がノウハウを早く吸収することができます。考える力も身につくため、実践的な株投資術を習得することができるようになります。

投資の理論に全面的に従うのではなく、そこから自分だけの投資術を編み出さなければ、猛者たちがしのぎを削る株の投資の世界でお金を稼ぐことは難しいと思った方がいいでしょう。

初心者が副業で株の投資をする際に気をつけるべきポイントは三つあります。

ひとつは個別の株であっても、同じ動きをしない業種を選んで、**分散投資**することです。同じ動きをしてしまうと共倒れしてしまうため、違う業種を組み合わせてリスクを回避するようにしましょう。

もうひとつは、証券会社の手数料など、**ムダなコストはできるだけ小さくする**ことです。ネット証券は利便性が高いだけではなく、手数料も安いため、副業の株投資に適しています。

いろいろなネット証券の手数料を見比べて、コストを最小限にとどめることが、株投資を始めるときの大切な一歩となります。

三つ目は株価の短期的な動きに慌てることなく、会社の実力が反映される**長期的な予想で株の投資をする**ことです。日経新聞などを読んで、経済や社会の情報に敏感になり、意思決定に対する自己責任を持つことで、株投資のスキルがアップしていきます。

しかし、ここまで偉そうに株投資の話をしておきながら、著者である私はほとんど株投資をやっていません。以前、ＰＨＰ研究所より『戦略課長』という株の投資本を共著で出版した際、勉強のために株の投資を少しやりましたが、すぐにやめてしまいました。

株の投資をやらなくなった理由は、つねに株で損をしているのか儲かっているか気になってしまい、**仕事に手がつかなくなってしまった**からです。これは私の性格が株の投資に向いていないことが要因だと思います。

「損をしたくない」という思いが強すぎるあまり、長期的な視野で投資ができず、少し損しただけで

竹内謙礼は見た！ 成功例を一部紹介

副業	内容
積み立て投資やＦＸ	本業が多忙のため、ＦＸでは高金利通貨を保有し、金利収入を獲得。投資信託への積立て投資も行う
配当金や優待投資	ある程度資金が貯まったところで、配当金の高い銘柄や優待がオイシイ銘柄に投資。こうした副産物も投資の魅力のひとつ
ワケあり不動産物件投資	築年数が古い、再建築不可などワケあり物件を、安いもので数十万円という格安の値段で買い、賃貸収入を得る

苛立ってしまい、数ヶ月で株の投資はやめてしまいました。

大きなお金を投資しなければ儲けが薄いこともわかり、人の会社のために四六時中頭を使うことよりも、自分の会社やビジネスを考えた方がリターンが大きいことに気づき、株の投資本を共著で書いておきながら、今ではまったく株の投資をやっていません。

本気でやれば株の投資はオイシイ副業になるかもしれませんが、向き不向きがあるので、そのあたりは自分の性格も踏まえて慎重に検討した方がいいと思います。

5．企業とお客を仲介する副業

【向いている人】それなりのＩＴスキルがあり、交渉が得意な人

（スキル★★　リスク★　リターン★★）

５は企業とお客を仲介する副業です。

例えば、社交ダンスのドレスをオーダーメイドで作るサービスをネット上に公開し、そのサイトに見込み客を誘導、注文を受けてからドレスの製造業者に発注すれば、**副業者は注文を右から左に流すだけで仲介手数料を得る**ことができます。

トラクターの中古販売サイトやリゾート地の別荘の仲介サイトなど、業者とお客の仲介者になることで、仕入れリスクのない副業を展開することができます。

最低限のホームページの制作スキルや検索対策のノウハウ、ネット広告の運用技術は必要ですが、競合が少なければローリスク・ハイリターンのビジネスになるため、元手のかからない商売としては、お勧めの副業と言えます。

しかし、仲介の副業は、事前にパートナーになる会社と手数料などのルールをしっかり決めなければ、トラブルに発展するケースが多い仕事と言えます。

例えば、パンフレットの印刷を請け負う仲介サイトを、1案件で売上の5％を印刷会社から受け取る契約を副業者がしたとします。仲介サイトを見て電話やメールで問い合わせてくる人がいると思いますが、その後、その案件が印刷の発注まで至ったかどうかは、仲介サイト運営する副業者側は把握することはできません。

もしかしたら、パートナーの会社が仲介手数料惜しさに、サイト経由の注文として計上していない可能性もあります。

信頼関係がものをいう商売だけに、仲介の副業を行う際は、必ず事前に契約書を交わすようにしましょう。

例えば、先述した案件の場合、注文のスルーが発覚した際には大きなペナルティを与えるようにしたり、注文書を閲覧する権利を副業者側が行使することができたり、パートナーとなる企業に対して、何かしらのプレッシャーを与える施策は行った方がいいでしょう。

また、見知らぬ企業といきなり仲介サイトを運営するよりも、知人や親類などで商売をされている会社の仲介サイトを運営した方が、余計なストレスを抱えることなく副業に従事することができます。

投資や仕入れのリスクがない分、自分の信頼を

竹内謙礼は見た！ 成功例を一部紹介

副業	内容
迷彩柄ショップ運営	迷彩柄の服が好きな男性は多いが、専門ショップがほとんどないため、メーカーやeBayで買ったものをサイトで販売
レンタルスペース副業	例えばキッチン付きの物件を借りて、その場所をお酒を飲みたい人に時間貸しする
トラクターの中古販売	地方への移住人気の高まりを受けて、農業を志す若者が増加。使われていない農機具を安く買い取り、提供する

担保に入れなければ成立しない副業なので、パートナーの会社は慎重に選んだ方がいいでしょう。

6．商売の副業

【向いている人】雇われるより、自分でビジネスをやりたい人

（スキル★★　リスク★★　リターン★★★☆）

6は商売の副業です。ネットショップを運営したり、飲食店やネイルサロンに出資してオーナーになったり、**ビジネスそのもので副収入を得るスタイル**を意味します。親の遺産で不動産会社を経営するケースや、週末だけ友達のお店を借りて飲食店を経営するケースもあり、副業の商売のスタイルは多岐に渡っています。

ネットショップのページ更新や注文対応などは外注の会社に委託し、自分は日々の売上をチェックしているだけという〝サラリーマン社長〟も少なくありません。また、飲食店に出資して、売上の数%を毎月もらう契約をする副業オーナーなど、不動産や株の投資感覚で商売の副業をやる人も多くいます。

しかし、商売の世界は変化が激しく、つねに新しい情報やノウハウに敏感になっていなければいけません。適切な指示を出さなければ売上が急落することもあり、365日24時間、緊張感のある生活を強いられます。

また、お金を出しているからと言っても、人の心まではコントロールすることができないので、雇った店長やスタッフの教育が行き届かず、接客面で評判を落としてしまうケースもあります。

出資した相手にお金を持ち逃げされたり、お客とトラブルになって裁判沙汰になったり、「人に商売を任せる」というのは、思いのほか難しい副業であることは、理解しておいた方がいいと思います。

商売の副業に適している人は、**お金儲けよりも、**

竹内謙礼は見た！ 成功例を一部紹介

副業	内容
犬のグッズ販売	飼っている犬に合う服がないため、自作したり外部発注したりして作成。同じ犬種の飼い主を中心に販売、人気を博している
カレー店のオーナー	投資で元手資金を貯めた営業マンが、カレーのフランチャイズ店に加盟。オーナーとして月 100 万円近く稼ぐことも
ボイストレーニング教室運営	音痴を克服するためボイトレ教室に通ったが、生徒の悩みを理解していないと感じ、自身で教室を立ち上げ成功

ビジネスの面白さに魅了された人です。マーケティングや販促のノウハウを学び、戦略を立てて実践し、検証することが「面白い」と思える経営者気質の人が、商売の副業に適していると言えます。

六つの副業を紹介しましたが、最終的には**「どの副業が儲かるか」**よりも、**「どんな副業をやりたいか」**が副業選びのポイントになります。本業がお金を目的として働いているのであれば、副業もお金を目的にした仕事にしてしまうと、精神的にも疲弊してしまいます。

興味のある仕事や、面白そうな仕事をした方が、長続きもするし、ストレスを抱えない副業に従事することができます。

そう考えれば、稼げる副業は、最初の副業選びの段階で8割ぐらいは成功するか否かが決まってしまうと言ってもいいでしょう。

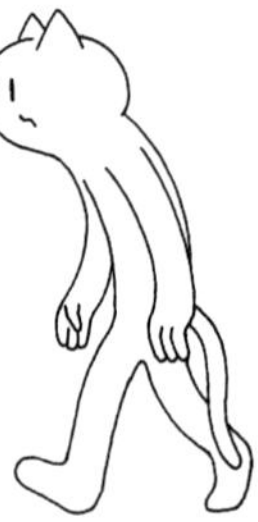

Chapter03

第3章 副業の成功に欠かせない2つの心構え

扉を開けて歩道に出ると、反対車線にバス停が見えた。

大串が道路を渡りきったところで振り返ると、『猫Ｂａｒ』の看板はなくなり、店は影も形もなくなっていた。屋台に続き店が消えるのは二度目の出来事だったので、大きな驚きはなかった。それよりも、猫が運転するバスへの期待の方が大きく、大串はワクワクしながら深夜バスの到着を待った。

猫がバスの運転手ということは、バスそのものが猫の可能性もある。昔、有名なアニメ映画で見た〝猫バス〟が目の前に来るかもしれない。それがたとえ幻想だったとしても、猫バスに乗れたらきっと楽しいだろうと、大串は期待に胸を膨らませた。

大串がバスを待っていると、前方にヘッドライトの明かりが見えてきた。ゆっくりと近づいてくると、目の前に停まったのはごくごく普通のバスだった。

プッシューッ。

前方の扉が開いた。猫の運転手はニヤリと笑うと、帽子を人差し指で押し上げた。

「お客さんかい？　終電に乗り遅れたのは」

大串は頷いた。

「事情は兄貴から聞いたよ。場所はだいたいわかっている。とりあえず、乗っちゃってよ」

大串は言われるがままバスに乗ると、一番前の席に腰をおろした。猫の運転手が「出発進行！」と元気よく叫ぶと、バスはゆっくりと走り出した。

では何の副業を始めるか？

「どうだい、猫バスの乗り心地は」

〝猫バス〟と言っても、運転しているのが猫なだけである。見た目も乗り心地もただのバスだ。アニメ映画みたいに山の中を勢いよく走り抜けたり、空高く舞い上がったりすると思っていたが、普通に夜中の国道を法定速度で走っているだけで、なんの面白みもなかった。

拍子抜けした大串は、猫の運転手の問いかけに「乗り心地がとてもいいな」と適当に相槌を打って、つまらなそうに窓の流れる景色に視線を動かした。

「あんたも副業をやってんのかい？」

猫の運転手がぶっきらぼうに言った。

「いや、俺はやってない」

「へーっ、珍しい。兄貴の店の客だから、てっきり副業をやっているかと思ったよ」

「あの店にはなぜ副業をやっている客がたくさんいるんだ？」

「兄貴に教えを乞いたいからさ」

猫の運転手はハンドルを回しながら話を続けた。

「副業って簡単に始められそうで、なかなか始められないんだよ。だからみんな、兄貴に相談しにくるんだ」

「なぜ副業はそう簡単に始められないんだ？　本業より気軽に始められそうだけど」

「あまりにもやることがぼんやり過ぎて、何をやっていいかわからないんだよ」

大串は質問しておきながら、自分自身が副業をなかなか決められないことを思い出した。**気軽に始められるからこそ、何をやればいいのか漠然としていて、**なかなか副業を決められずにいた。

「本業だったら『やれ』って言われたことをやればいいだけだろ。他に選択肢がないから、何も考えずに仕事をしていても困ることはないんだ。だけど、副業は自分で考えて、判断して、動かなければお金にならない。自主性がないヤツに副業は向いていないんだよ」

大串は深く頷いた。しかし、猫のバーテンダーに六つの副業を教えてもらったが、どれが自分に適した副業なのか見当がつかなかった。腕を組んで悩んでいると、猫の運転手が「あんまり深く考えない方がいいよ」と声をかけてきた。

「副業で悩むヤツは、型にはめて物事を考えようとするからよくない。アマゾンでせどりが流行れば同じことをやって儲けようとするし、FX投資が流行れば、同じようにFX投資をやろうとする。でも、型にはめてやった副業は、いくらやっても儲からないから、誰もお金持ちになれないんだよ」

大串は猫の運転手の言葉が腑に落ちなかった。**型にはまった副業であれば、やり方が確立されているので最短距離でお金を稼ぐことができるはずだ。**実際、猫のバーテンダーは自分に6種類の副業の〝型〟を教えてくれた。あの店にいた動物たちも、その型に当てはまった副業でお金を稼いでいる。

「あんた、今、俺の考え方がおかしいと思っただろ」

猫の運転手がバックミラー越しに大串の顔をのぞき見た。

「兄貴があんたに伝えたかったのは副業の〝型〟じゃない。型を作ることの大切さを伝えたかったんだ」

「どういう意味だ？」

「考えてもみろよ。副業で儲かったヤツと同じことをやって、金が稼げると思うか？　先に走っている先駆者が市場を取っているところに、後から参入して勝てるほどお金儲けは甘くないんだよ」

大串は「確かに」とつぶやいた。仮にイラストや絵を描く副業を始めたとしても、自分よりも先に副業を始めている人たちの方が、クライアントの要望に応えられる絵の描き方や、単価の上げ方を知っているはずだ。

後から追いかけても、彼らはさらにスキルを上げて先を走り続ける。同じ仕事をやっていても彼らに追いつくことは絶対にできないのだ。

「副業はスモールビジネスだから、企業戦略のように規模や投資額で逆転することが難しいんだ。**先にオリジナルの副業を見つけたヤツが一人勝ちする構造**になっているんだよ。誰かの真似をしたり、同じことをやったりしても、お金を稼ぐことはできないんだ」

「だけど、そう簡単にオリジナルの副業なんか見つからないぞ」

大串が口を尖らせた。猫の運転手は「だから、深く考えるなって言ったんだよ」と笑い出した。

「天才じゃないんだから、自分だけのオリジナルの副業なんて早々にできるわけがない。そんな大層なことを考える必要はないんだ。ほんの少し〝型〟の副業にアレンジを加えるだけでいいんだよ」

少しアレンジするだけでいい

バスが信号で停まると、猫の運転手が振り返った。

「例えば、副業でイラストや漫画を描くのであれば、**4コマ漫画に特化する**とか、文章を書くなら**医療のカテゴリーが得意なライターになる**とか。ほんの少しのアレンジでいいんだ。ちょっとだけ変化をつけることでライバルが減り、自分のところにその業界の仕事が集中するような副業をするんだよ」

信号が青に変わると、バスがゆっくりと動き始めた。猫の運転手は話を続けた。

「副業の六つの型はあくまでベースだ。そこから頭を使って、自分で考えた副業をやっていかなきゃ息の長い副業はできない。誰かに『これは儲かる』と言われて勧められた副業は、もうすでに先駆者がいて、旬が過ぎた副業だと思った方がいい」

大串は猫の運転手が言っていることはもっともだと思った。副業だけに限らず、本業でも同じことが言える。印刷業界も新しい印刷機を真っ先に導入した会社がその市場を独占し、後追いでその印刷機を入れても、お客さんはまったく取れず、価格も叩かれ、契約が取れても儲かる案件に発展することはほとんどなかった。

「自分で考えろってことだな」

大串はポツリと言った。

「これからの副業には考える力が求められるんだ。**今、巷では YouTube の動画編集が副業として流行っている**けど、あれだって技術を学べば誰だってできる仕事だ。すぐに価格競争に陥って儲からなくなる」

「一時期のホームページ制作の副業と同じだな」

猫の運転手は「その通り。歴史は繰り返されるんだよ」と深く頷いた。

「今、ホームページ制作でお金を稼げているのは、大手企業を相手にしている一部の会社だけだ。ほとんどの制作会社は儲かっていない。そして、その下請けでホームページを制作していた副業者はさらに制作費を叩かれて、今も昔も貧乏なままだ」

「なぜ、価格競争から脱することができなかったんだ？」

「おいおい、さっきも言っただろ」

猫の運転手は語気を強めた。

「先のことを何も考えないで、目の前の副業しかやってこなかったからだよ。それだと何も考えないサラリーマンと同じだ。どうやったら単価が上がるのか、どうやったらお客様に喜んでもらえるのか、つねに考えながら仕事をしていれば、副業でも大手企業のホームページ制作を請け負ったり、長くつきあえるクライアントと出会えたり、儲かる副業を展開することができるんだ」

大串は黙って話を聞き続けていた。

「これは副業に限った話じゃない。商売は何も考えないで仕事をしていると、永遠に儲からない仕事をさせられる仕組みになっているんだよ」

大串は身につまされる思いがした。自分も印刷会社に就職してから今まで、深く物事を考えずに仕事を続けてきてしまった。先輩から教わった仕事のやり方を、日々トレースするだけの業務で、目の前にやってきたクライアントの案件を、ひたすらこなすことしかや

ってこなかった。

そして35歳になった今、**誰にでもできるような平凡な仕事のスキルしか身についていない。**こんな人間の給料やボーナスが上がるはずがないのだ。

「下がり続けている年収は、何も考えずに仕事をしてきたツケが回ってきたってことなんだな」

大串は自虐的に笑った。猫の運転手は「まぁ落ち込むなって」と、バックミラー越しに目線を移した。

「**人生はいくらでもやり直しがきく。**副業をやることで考える仕事のスキルが身につけば、必ずその力は本業でも活かされる。副業で儲かるためにどうすればいいのか何度も考えて、何度も実践して、何度も失敗していくうちに、ビジネススキルが高まっていくんだよ。副業は本業の実験場だと思えばいい。失敗しても許されるから、今から副業を通じていろいろなことにチャレンジするんだ」

猫の運転手はそう言うと、バスのアクセルを力強く踏み込んだ。

相性のいい副業、相性の悪い副業

バスが高速道路に入った。大串は窓の景色を見ながら「でもなぁ」と呟いた。

「さっきお兄さんのところでいろいろな副業を教えてもらったんだが、どれもピンとこないんだよ。ベースになる〝型〟すら定まらない」

猫の運転手は「それは副業探しの〝あるある〟だな」と顎を撫でた。

「**副業を探すときのルールが定まっていない**んだよ。ルールを定めずに副業を探そうとするから、右に行ったり左に行ったり考え方がフラフラするんだ。バスの運転だってそうだ。安全に運転するためのルールがあるから、ちゃんと目的地に到着することができる」

大串はなるほどと思った。制限速度や一時停止などのルールがあるから、車やバスは目的地に安全に到着することができる。もし、それらのルールがなければ運転がめちゃくちゃになってしまい、目的地に到着することすらできなくなってしまう。

「俺はバスの運転をするときに、必ず守っているルールがひとつあるんだ」

「へーっ、それはなんだい？」

「運転中にマタタビの匂いを嗅がないことさ」

「そ、そうなんだ」

大串は嫌な予感がした。

「あの匂いを嗅ぐと、もうメロメロになっちまう」

バックミラー越しに猫の運転手の顔を見ると、ヨダレをじゅるじゅると口からこぼしていた。

「考えるだけでもたまらん！」

バスが左右に大きく揺れ出した。大串は床に転げ落ちると「マタタビの話はもういいから！」と叫んだ。猫の運転手はハッとした顔をして、ハンドルを握りなおした。

「いやー、すまん、すまん」

「すまんじゃないだろ！　危ないじゃないか！」

「しょうがないだろぉ、猫なんだからさ」

猫の運転手はヨダレを拭くと、鼻歌を歌い出した。大串は「誰が猫に大型二種の免許を取らせたんだ」とブツブツ言いながら、シートに座り直した。

バスは高速道路を静かに走り続けていた。深夜のせいか車の台数も少ない。大串は腕を組みなおして口を開いた。

「ところで、さっきの話なんだが」

「マタタビの話か？」

「違う！」

大串は顔をひきつらせた。

「副業探しのルールの話だ」

猫の運転手は「なーんだ」と、頭をぽりぽりと掻いて話を続けた。

「副業を探すときのルールを決めるんだよ。**お金は絶対に稼ぎたい**とか、**儲からなくてもいいから自分の好きな仕事をやりたい**とか。そのルールが定まれば、自分がやらなくてはいけない副業の種類や仕事の進め方が見えてくるだろ」

「でも、そのルールがない場合はどうするんだ？　俺はお金を稼ぎたいという欲望も強くないし、やりたいこともない。ルールそのものがないんだ」

大串は頬杖をついた。

「そんな悩むなって。俺が今からいいことを教えてやるよ」

猫の運転手は自分の髭をさすった。

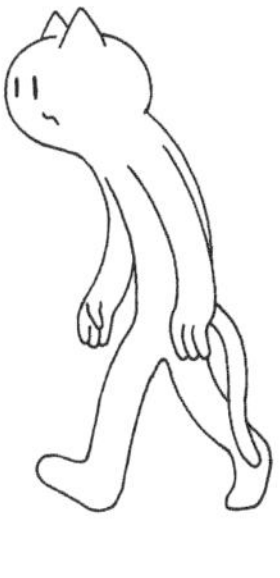

「副業探しのルールを定めることができないヤツは、『**好きなこと**』**を基準にして探す**んだ」

「だから、その好きなことが見つからないんだって」

猫の運転手は「まぁ答えを急ぐなって」と、大串の言葉を遮った。

「いろいろな副業をやってみるんだよ。そしたら、『この副業は嫌いじゃないかも』という仕事に出くわすはずだ」

大串は「そうか」と膝を叩いた。

「**好きじゃなくても、相性がいい副業を探せばいいんだな**」

「その通りだ。趣味や特技として、その副業が好きである必要はないんだ。仕事をやってみて『面白いかも』って思えるぐらいの副業でいいんだよ」


大串の心の中が少しだけ明るくなった。自分は無趣味だから好きな副業が見つけられないと思っていたが、そこまで「好き」にこだわる必要はないのだ。いろいろな副業をやってみて「**面白そうだな**」**という好奇心がそそられる仕事**に巡り合うことができれば、それをアレンジして、自分の好きな副業に作り直していけばいいのだ。

「これは副業に限った話ではないんだよ。労働には『**好きな仕事**』と『**相性のいい仕事**』の2

種類があるんだ。だけど、好きなことを仕事にして生きている人はほんのわずかしかいない。ほとんどの人は好きではないけど、相性がいいからその仕事を続けているだけなんだよ」

大串は自分の本業にも同じことが言えると思った。印刷には興味はないが、人と話をする営業の仕事は自分には向いていると思っている。だから10年以上も同じ仕事を続けられているのだ。

これが印刷工場で輪転機を回す仕事だったら、息が詰まって続かなかったはずだ。

「無理をして好きな副業を探さなくてもいいってことか」

「**転職と違って、副業は何度でも試すことができる**だろ。そのときに自分の向いている仕事を副業選びの基準にすれば、おのずと長く続けられる副業に出会えるはずだ」

「報酬がいいとか、仕事の効率がいいとかで副業を選んではダメなんだな」

猫の運転手は大きく頷いた。

「考えてもみろよ。**副業は本業が終わった後にやらなくてはいけない仕事**なんだぞ。その仕事自体に『やりたい』というモチベーションがなければ続けることはできない。少しでも好奇心がそそられる副業にしなければやる気も沸いてこないし、辛い仕事にぶち当たったときも乗り越えられなくなってしまう」

大串は猫の運転手の言う通りだと思った。会社から帰ってきて、好きでもないデータ入力の仕事をやる気にはならない。いくら報酬がいいからといっても、本業の後にやる仕事は、よほど好きな仕事でなければモチベーションを上げることはできない。

「興味がある仕事なら、時間が経つのも忘れてしまうほど夢中になれる。そして継続することができるから、スキルも自然と身につくんだ。失敗しても、興味があれば続けられるし、探求心があればわからないことがあったらとことん調べたくなる。副業は『好きなこと』を見つけた方が、自己成長に繫がるんだ」

大串は「なるほどね」と腕を組んで頷いた。

人に喜んでもらってナンボ

バスが高速道路の追い越し車線から、ゆっくりと走行車線に入っていった。

猫の運転手は、「もうひとつ大事なことを教えてやるよ」と、人差し指を立てた。

「好きな副業が見つかったら、次に『**人に喜んでもらう**』ことを目的にして働くんだ」

「喜んでもらうってどういうことだ？」

「お客さんでも、取引先でもなんでも構わない。自分の副業で『人に喜んでもらう』ということを目標にして働くんだ。それが仕事のやりがいってやつなんだよ。自分の才能で人に感謝されたり、喜んでもらえたりすることができれば、そんな幸せなことはないだろ」

この言葉は大串の心に深く突き刺さった。今の印刷会社の仕事は、相手に喜んでもらったり、感謝されたりすることがほとんどない。決められた発注を決められた納品日に収めるだけで、そこに感謝の気持ちや感動は生まれない。

自分の仕事にお客様がついているのではなく、会社に仕事がついているから、自分自身にもお客に対しても本当の感謝の気持ちを持つことができていなかった。

「仕事とはそういうものだ」と理解していたが、猫の運転手の話を聞いて、大串は今の本業では体験できない『人に喜んでもらう』という副業に、強い興味を持った。

「これは多くの人が勘違いしていることなんだが」

猫の運転手は落ち着いた口調で話し始めた。

「多くの副業がうまくいかない理由は、副業を『副業』としてとらえているからなんだよ」

「おいおい、副業は副業だろ」

猫の運転手は「だからダメなんだよ」とため息をついた。

「いいか、よく聞け。本業はやりたくない仕事でも我慢して続けられるだろ。でも、副業はいつでも辞められるから、**お金以外のやりがいがないと長続きしない**んだ。本業以上に『人に喜んでもらう』という仕事じゃなきゃ、お金が稼げる副業にはならないんだ」

大串はいい話が聞けたと思い、鞄から手帳を取り出して、猫の運転手の話をメモに取り始めた。

「**『好きなこと』**と**『人に喜んでもらうこと』**を両方兼ね備えた副業を見つけられることができれば、あとは自分から率先して動いていくんだ」

「具体的にどうすればいいんだ？」

「**『学ぶ』と『試す』を繰り返すん**だ」

猫の運転手はウインカーに手をかけた。バスはゆっくりと高速道路の出口に向かい、ETCの料金所をくぐり抜けた。

「副業で成功したければ、この二つの気持ちを強く持つんだ。本業であれば会社が学びの場をセッティングしてくれるから、労せず新しい情報を入手することができるし、それを試す機会も与えてくれる。しかし、副業は自分自身が積極的になって学びとチャレンジの場を作らなければ、スキルアップしていくことができない。『学ぶ』と『試す』の気持ちは、自己成長において必要不可欠なんだよ」

大串は揺れるバスの中で、猫の運転手の言葉を手帳に書き続けた。

「副業をやっていてわからないことがあれば、自らの意思でネットを使って調べて、本を読んで学び、人に会って教えを乞う機会を作るんだよ。果敢に未経験の仕事にチャレンジして、失敗して悔しい思いをして、二度と同じ過ちを繰り返さないと心に刻むから、誰にも負けないビジネススキルを身につけることができるんだ」

大串は再び自分の仕事に置き換えて考えてみた。印刷の新しい技術や情報が出てきても、会社側が資料をまとめてくれるので、自ら率先して何かを調べるようなことはほとんどやったことがなかった。

新しい仕事にチャレンジして、失敗して自分の評価が下がるぐらいなら、やらないことの方を選ぶし、仮に失敗しても会社の誰かがフォローしてくれるので、失敗したことに対しての悔しさや辛さも感じたことはなかった。

大串は「学ぶ」と「試す」という基本的なスキルアップの心構えを、いつの間にか忘れてしまっていたと思った。

収入アップは副業より転職？

バスからの景色が見慣れた街並みになった。ここから自宅までは15分もかからない。

「ひとつ聞いていいか」

猫の運転手が大串に声をかけてきた。

「あんたの奥さんは副業に賛成しているのかい？」

「どちらかといえば反対だね」

大串はふーっと息を吐いた。

「**副業をする時間があるなら、家事や子育てを手伝ってくれ**って言っているよ。働き過ぎて身体を壊したら身も蓋もないし、そんなにお金が欲しければ給料の高い会社に転職すればいいっていうのが嫁の意見だ」

「いい奥さんだな」

「なぜそう思うんだ?」

「家庭を第一優先で考えているからだよ。言っていることもすごく真っ当だ。うちのワイフとは大違いだ」

「ワ、ワイフ?」

「そうワイフだ」

大串は猫の運転手が既婚者だということにも驚いたが、それ以上に奥さんのことを「ワイフ」と呼んでいることに衝撃を受けた。猫の世界は奥さんのことをみんな「ワイフ」と呼んでいるのだろうか。

考えてみれば、いつも「ニャー」という鳴き声しか聞いていない。翻訳すると猫は奥さんのことを「ワイフ」と呼んでいるのかもしれない。

「トップ画にしているのがうちのワイフだ」

猫の運転手は内ポケットからスマホを取り出した。そこには可愛らしい猫の写真が映っていた。今まで大串が会ってきた人間サイズの猫ではなく、ごくごく普通のサイズの猫だった。目がクリンとしていて、毛並みがよく、写真からも品の良さが伝わってきた。

「かわいらしい奥さんじゃないか」

「アメリカンショートヘアだ」

大串はどうでもいいプチ情報だと思った。

「うちのワイフは気性が激しいんだよ。近所の猫仲間とすぐに喧嘩をするし、かと思えば水の入ったペットボトルを見ると泣き出すし。まぁ、そこがカワイイところなんだけどな」

猫の運転手は「ベタ惚れだよ」と頬を赤らめた。大串はノロケ話を聞いている場合ではないと思った。それを察したのか、猫の運転手は気まずそうに咳払いを一回すると「どちらにせよ」と話を続けた。

「副業をやるなら家族の理解は必要だよ。家族に副業を理解してもらうためには、働く時間を決めることだ。例えば、**平日なら副業は2時間まで**とか、**土日ならどちらか一方は必ず家族サービスに使う**とか。そういう決まりをしっかりと家族で決めることが大切だ」

大串は首を大きく縦に振りながら、手帳に再びメモを取り続けた。

「**隙間時間を有効に使う**ことも忘れるなよ。例えば、通勤時間にスマホを使って作業ができる仕事であれば、往復でかなりの時間を副業にあてることができる」

バスはバイパスから市街地に入った。

外を見ると東の空が薄らと明るくなっていた。

「**体調管理も副業の大切な仕事**のひとつだ。熱中するあまりにオーバーワークになりやすいし、椅子に座り続ける仕事も多いから腰も痛めやすい。当たり前のことかもしれないけど、ウォーキングやストレッチで身体を定期的にほぐして、バランスの良い食事をしっかり取ることも大事だ」

そこまで言うと、猫の運転手は「あっ、言い忘れたことがあった」とハンドルをポンと叩いた。

「机と椅子は身体のサイズにあったものを用意しろよ。どんなにお金がなくても、ここの部分にはしっかりお金を投資するんだ。副業はマンパワーの仕事がほとんどだ。仕事の環境にストレスが溜まると、それが収入にダイレクトに響いてくる」

大串はその言葉もノートに書き記すと「うーん」と唸ってから口を開いた。

「ひとつ聞いていいか？」

猫の運転手は「どうぞ」と短く答えた。

「収入を上げるなら副業をするのが一番いいんだろうか？　じつは嫁さんの言っている**転**

職の方が、確実に収入が上がるんじゃないかと思っていて、それがずっと胸につっかえているんだ」

今の時代、転職はリスクでしかない

副業で月に5万円稼ぐことができれば、年間で60万円の収入アップとなる。しかし、そのぐらいであれば、転職しても実現可能な年収アップの金額だと思った。

「奥さんの言う通り、収入を上げるなら副業よりも転職の方が手っ取り早いな。だけど、**転職で年収を上げられるのはごくわずかな人しかいない**」

「ちょっと待ってくれ」

大串は運転席に身を乗り出した。

「キャリアアップって言葉があるだろ。転職してどんどん大きな会社にステップアップしていけば給料は上がるんじゃないのか？」

猫の運転手は大きく首を横に振った。

「経済活動が鈍化した今の日本では、全ての会社が事業を拡大しているわけではない。それどころか規模を小さくしている会社の方が圧倒的に多い。転職市場は退職者の穴埋め要員として人材を募集しているだけだ。そんな状況で年収が上がるわけないだろ」

「そんなぁ〜」

大串は声をあげた。

「仮にあんたが会社の経営者だとして、従業員が一人辞めたとするだろ。そこに補充する人材に対して、今までよりも高い給与を支払うかい？」

「……支払わないな。同等か、それよりも安い賃金で雇えたらラッキーだと思う」

猫の運転手は「だろ！」と声を張り上げた。

「そんな状況で転職してきたヤツはもっと悲惨だぞ。見知らぬ職場にいきなり放り込まれる上に、経験者という理由だけですぐに結果を出さなきゃいけない。そんな厳しい中で結果を出せるわけもなく、ほとんどの転職者は『期待外れだった』と評価をされて、低い給与のまんまで雇われ続けてしまうんだよ」

大串の会社にも今まで何人もの中途人材が採用されてきた。しかし、昇進したり昇級したりする人はほとんどいなかった。

会社の経営は年々厳しくなっていることもあって、即戦力で採用された人たちへのプレッシャーは増すばかりだった。

「今の時代、**転職はリスクでしかない**んだよ。副業こそがローリスクで収入を上げる唯一の方法なんだ」

猫の運転手の言葉が、大串の心にズシリと重くのしかかった。

バスが大串のマンションの前で停まった。

「いろいろ教えてくれてありがとう」

大串は頭を下げた。

猫の運転手は「俺も兄貴と同じで副業の話が好きでね」と、帽子を人差し指で上げてニコリと笑った。

「運賃はいくらだ？」

大串が財布を開けようとすると「お代はいらないよ」と猫の運転手は手を前に差し出した。

「猫の深夜バスは無料なんだ」

「ほんとか？」

「副業で成功したら、また乗ってくれ」

猫の運転手はそう言うと、「優しい奥さんによろしくな」と、バスのドアを閉めてゆっくりと走り出した。

大串は空を見上げた。

朝日が少しだけ顔を出し、周囲はぼんやりと明るくなり始めていた。徹夜のような状態だったが、不思議と眠気はなかった。

「3時間ぐらいは寝られるかな」

大串は軽い足取りでマンションのエントランスに向かって歩き出した。

日本一カンタンな副業コラム③

副業がうまくいく人の共通点

副業の成功は9割が「心構え」で決まります。

スモールビジネスは「人」の性格や能力の差が大きく出やすい性質を持っているため、副業者の心構えひとつで、売上が大きく変わってしまうのです。

では、どんな心構えを持てば副業で稼げるのでしょうか?

答えはシンプルに**「学ぶ」と「試す」ことができる人**です。これは断言してもいいです。

副業に限らず、ビジネスはこの二つの心構えを持っている人が、必ず成功しています。

ネットで検索するか、しないか

私は長い期間、在宅のネット副業のNPO法人の代表理事をやってきました。多くのセミナーや勉強会を通じて、副業でうまくいく人とうまくいかない人をたくさん見てきました。

うまくいく人の共通点は、わからないことが出てきても、**自分で調べて、自分で解決する力を持っている人**です。「学ぶ」ということにストレスを感じず、自分の力で問題を解決することができるので、どんな障害でも乗り越えていくことができます。

今はネットで調べれば、ほとんどのことが解決できる時代です。〝Google 先生〟に質問すれば、検索結果に適切な答えが必ず書かれています。ホームページの作り方やシステムの構築方法、クライアントとの交渉術や副業の単価の上げ方など、ネットで検索すればわからないことはほとんどありません。

しかし、逆を言えば、Googleで調べたら答えが見つかるのにも関わらず、調べもせずに「わからない」と言ってしまう人や、調べても「わからない」と言ってしまう人は、「学ぶ」という力が弱い人ということになります。

このような学ぶ能力の低い人は、自らの力でお金を稼がなくてはいけない副業には向いていないと言えます。

さらに、副業で稼げている人は「学ぶ」に加えて「試す」という力を持ち合わせています。「学ぶ」だけでは知識は豊富になりますが、試していないので、そのノウハウを自分のスキルとして身につけることができません。

例えば、検索対策の場合、どうしたら検索結果で上位に表示されるかというノウハウはネット上にたくさん出ていますが、それを自分で試すことができなければ、**どれが正しい情報なのかを見極めることができません。**せっかくの情報も、机上の空論で終わってしまいます。

また、ビジネスのノウハウは再現性が低いことも考慮しなくてはいけません。お金儲けのテクニックは、その人がそのタイミングでやったからこそ、うまくいったノウハウというのがほとんどです。

同じことを別の人が別のタイミングでやっても、ほぼ間違いなくうまくいきません。偶然性が高く、成功する確率の低いお金儲けのテクニックは、ノウハウをそのままトレースしてもうまくいくことがほとんどないのです。

その不確実性の高いビジネスのノウハウを武器にするためには、「試す」ということを実践していかなくてはいけません。そのテクニックを自分で試してみて、そして失敗し、「次はこうすればいいのか」と学ぶことで、自分に適したノウハウが構築されていきます。

つまり、「試す」という力がなければ、副業でお金を稼ぐノウハウは自分のものにはならないのです。

この「学ぶ」と「試す」という力は、副業には必要不可欠な心構えです。とくにネットを使った副業をする場合、この二つの力がなければ、お金を稼ぐことは不可能といっても過言ではありません。

ネットを使ったビジネスは変化のスピードが速く、つねに新しい情報をキャッチアップしていかなければ、すぐに商売が立ち行かなくなってしまいます。

わからないことが次から次へと発生するため、それを自ら学び、試して、自己解決していく力がなければ、わからないことがどんどん蓄積されてしまい、ネットのお金儲けの世界から遠ざかっていってしまうのです。

お金が好きな人は成功しない?

もうひとつ、副業を長く続けられる人の特徴は、**「好きなこと」を副業として選んだ人**です。

ただし、ここで誤解してほしくないのは、「好きなこと」というのは、趣味や特技などを活かした副業を意味しているわけではないという点です。

副業をする上での「好きなこと」というのは、わからないことをわかろうとする探求心を意味します。別の言い方をすれば「興味がある」という意味に近いです。

どうしたら売上が伸びるのか?

どうしたら受注がもっと取れるのか?

つねに「わからない」ことを解決しようとすることに興味がある人は、副業に適している人間性と言えます。

会社経営とは、探求心があって成立するゲームみたいなものです。問題点を見つけて売上を伸ばすのか、新しいことを発見して売上を伸ばすのか、その解決策を探るのが、会社経営なのです。

ゲーム感覚で物事を解決していく流れは、会社経営も副業も同じです。探求することが「好き」であれば、どんな副業でも成功することができます。

想像してみてください。

会社から帰ってきて、疲れた身体で副業をするとなると、よほど面白いことでなければ、手がつけられないと思います。

しかし、パソコンを開けると、お客様から感謝のメールが届いていたり、自分のセールストークで案件が成立していたり、自らの力で勝ち取った成果があれば、どんな苦労も吹き飛んでしまうと思います。

物事を解決した達成感が形となって表れていると、モチベーションも上がり、もっと売上を伸ばしたい、もっと人に喜んでもらいたいという気持ちが高まっていきます。それが副業で働く原動力となって、人を成長させていくのです。

仕事柄、商売で成功してきた人をたくさん見てきましたが、お金が好きで成功してきた人はほとんど見たことがありません。

それよりも、**お金を稼ぐ方法を見つけ出すことが好きな人の方が、ビジネスの世界では成功しています。**

副業も同じで、お金を目的にしてしまうとすぐに飽きてしまいますが、お金を稼ぐ方法を見つけ出すことに喜びが持てる人の方が、副業は長続きするのです。

Chapter04

第4章
ラクして
儲かるしくみを
つくる

猫バスで帰ってきた次の日、大串は冬美の説得を始めた。最初は副業に対して否定的だった冬美も、働く時間を決めることと、無茶な投資をしないという条件で、副業する許可を大串に出した。

しかし、何の副業をすればいいのかは、大串はいまだに決められずにいた。

印刷に関する知識は豊富に持っていたが、これが**副業で活かせる特殊な能力ではない**ことはすでに自覚していた。これといった趣味もなく、データ入力やウェブ記事のライティングの仕事も、興味がないので長続きする気がしなかった。

本を買って不動産や株の投資についても勉強してみたが、自分よりも投資に詳しくて、真剣に勉強している人はたくさんいると改めて思うようになり、本を読んでいる最中にやる気が失せてしまった。

自分に仲介業をやらせてくれそうな経営者の知り合いもいないし、ネットショップが始められるほどの資金もなかった。

「もうひと捻りなんだよなぁ」

大串はソファに寝っ転がりながら、考えを巡らせていた。猫のバーテンダーに6種類の副業を教えてもらったが、これらはすべて〝型〟でしかない。この型をいかに自分の性格やライフスタイルに合わせて変化させることができるかが、自分に適した副業探しのポイントだと思った。

「不便」から出てきた副業アイデア

考えにふけっていると、冬美がうかない顔をしてリビングに入ってきた。

「雛《ひな》人形の置き場に困っているのよ」

菜々子が生まれたときに、両家の親がお金を出し合って七段飾りの雛人形を買ってくれた。しかし、子どもが大きくなるにつれて家の中のモノが一気に増え、年に一度しか飾らない雛人形は、押し入れの中で邪魔なものになっていた。

とはいえ、親族からの大切な贈り物である以上、むげに扱うこともできない。大串は「捨てればいいじゃないか」と言いかけたが、すんでのところで言葉を引っ込めた。

「雛人形を飾らないと、なんだか申し訳ない気持ちになってね」

「だけど、リビングに飾るのはもうムリだろう」

大串は周囲を見回した。昨年、菜々子のために買ったピアノが、今まであったリビングの空きスペースを占拠していた。

「飾るのも大変だけど、片づけるのも大変なのよね」

冬美が大きなため息をついた。

その瞬間、大串の頭の中でパチンと音が鳴った。むくむくとビジネスのアイデアが膨れあがり、次第にその考えが形としてくっきりと描かれていった。


大串は**雛人形の引き取りサービス**の副業を思いついた。

マンションやアパート住まいの人で、雛人形の置き場に困っている人は多いはずだ。その人たちから雛人形を引き取り、**代替え品として場所を取らない〝代わりのもの〟を用意すれば、**冬美のような雛人形の収納場所に困っている主婦に喜ばれると思った。

「代わりのものって何なの？」

大串から副業のアイデアを聞いた冬美は首を傾げた。

「引き取った雛人形の着ている服を使って、**可愛らしいタペストリーを作るんだよ。**そうすれば雛人形がなくなっても、祖父母からのプレゼントは形として残る。場所を取る人形を処分したとしても、後ろめたさを感じずにすむだろ」

冬美は「面白いアイデアね」と頬を撫でた。

「桃の節句の時期がきたら、そのタペストリーを壁に飾るだけでいいから雛人形のような出し入れの面倒くささもなくなるわね」

しかし、大串は口を一文字にして考え込んだ。

「ただひとつだけ問題があるんだよ。肝心な**雛人形の着ていた服をタペストリーにする方法がわからないんだ。**ネットでいろいろ調べてみたんだけど、そういう仕事をやってくれる業者が見つからないんだ」

大串は腕を組んで唸った。すると、そばにいた冬美が「そんなことで悩んでんの?」とクスクスと笑い出した。

「私に任せてよ」

「なんでお前がそんなことできるんだよ」

「私の職業、忘れたの?」

大串は「あっ」と声をあげた。冬美の本職は幼稚園の先生だ。折り紙や布を使って工作を作るのはお手の物だ。

冬美は早速、縫製道具を持ち出して、自分の家にあった雛人形の服を使って、タペストリーを作った。想定していたよりも可愛らしいものができあがり、大串は直感的にこのサービスは商売になると思った。

雛人形の引き取りサービスであれば、商品を仕入れる必要がないので、**元手の資金がいらない。**商品を再びお客に届けるので、ビジネスモデルとしてはネットショップに近いと言える。

猫のバーテンダーに教えてもらった6種類の副業でいえば、**マグロのやっていた『仲介』の仕事と、ゴリラのやっていた『商売』の仕事のミックス型と言っていい。**

次の日、大串は朝の通勤時間を使って、市場調査を始めた。スマホで雛人形の引き取りサービスを調べたところ、人形を供養する業者は多くいるものの、タペストリーを代わりに送る業者はいなかった。料金がわかりにくい新業態ということもあって、すぐに価格競争になりそうな気配もなかった。

「これは行けるかもしれない」

はやる気持ちを抑えながら、副業を立ち上げるまでの手順を整理した。ホームページを使ってネットで集客するのであれば、最低限のネット通販の知識は必要だと思った。

大串は猫の運転手の言っていた「学ぶ」という副業の心がけを思い出した。ここでネットビジネスを自ら学ばなければ、一生、副業にチャレンジすることはできないと思った。

大串は電子書籍でEコマースに関するビジネス書を片っ端から購入し、往復の通勤時間を使って読み込むことにした。わからないことがあればネットで調べ、有益な情報が載った本の著者がいれば、その人のブログやツイッターをフォローして、最新の情報を入手することに努めた。

ネットビジネスの知識を習得しながら、並行して「試す」という行動も始めた。スマホで無料ブログを作り、検索対策を施して、アクセス数がどのように変化するのか実践することにした。

また、メルカリやヤフオクに自ら出品して、どのようにお客さんを集客して、商品を売っていけばいいのか、リアルな体験を通じてネット販売のスキルを身につけていった。

仕事で感じたことのない興奮

3ヶ月間、通勤時間を利用してネットビジネスを学んだ大串は、雛人形の引き取りサービスのホームページの制作に取り掛かった。

しかし、自分でサイトを作るとなると、またゼロからHTMLなどの制作知識を学ばなくてはいけなかった。いくら通勤時間に勉強できるとはいえ、ホームページを自分で制作する知識を得るには1年以上の時間を要すると思った。

仮にホームページが作れるようになったとしても、素人に毛が生えたぐらいの制作スキルでは、お客さんを魅了するページを作ることはできない。中途半端な知識と経験に時間をかけるぐらいであれば、売上を伸ばす戦略に力を注ぎたい思いがあった。

大串はホームページを**外注の制作会社に作ってもらう**ことにした。できるだけ安くホームページを作る方法はないかと思い、社内のデジタル事業部でホームページを管理している同僚に相談した。

すると、その同僚がホームページの制作を自分にやらせてくれないかと逆に持ち掛けてきた。話を聞くと、ホームページ制作を副業として始めたばかりで、ちょうど案件を探しているところだった。

大串は同僚と何度も打ち合わせを重ね、1ヶ月後には雛人形の引き取りサービスのホームページが完成した。費用は10万円。ホームページの制作費としては激安だったが、サラリーマンが出すお金としては、清水の舞台から飛び降りるぐらいの覚悟のいる金額だった。

「最低でも、この10万円は取り返してね」

冬美が1年間パートで貯めた虎の子の貯金を投資したこともあって、大串はますます副業への気合いが入った。この熱い気持ちは、**今までのサラリーマン生活で感じたことのない興奮だった。**

「副業は好きなことを仕事にしなさい」

大串は猫の運転手の言葉を思い出した。自分が好きなことは、ビジネスの勉強をしたり、戦略を立てたりすることである。こんな楽しいことを毎日考えられるのなら、本業が終わった後でも苦もなく続けられると思った。

ホームページをオープンさせた大串が、最初に始めた販促が検索連動型の広告だった。

「雛人形　引き取り」の検索キーワードで広告を出して、そこからホームページに集客して、アクセス数を稼ぐことにした。

ネット広告の運用に関するビジネス書を1冊読み込み、YouTubeにアップされているノウハウを徹底的に勉強した。手始めに1万円を検索連動型広告に投資してみたところ、**3日後に初めての注文が入ってきた。**

大串はその注文メールを見たとき、涙がこぼれそうになった。自分が4ヶ月以上かけて下準備してきた戦略が、間違いではなかったことが、この1件の注文で証明された。**考えたビジネスアイデアにお金を払いたいと思ってくれる人がこの世の中にいたこと自体が、自分の存在価値が認められたような気がして嬉しかった。**

3日後、お客から雛人形が送られてきた。人形本体は近所のお寺で供養し、その光景は写真と動画に収めてお客にメールで送った。脱がした着物は冬美がタペストリーにして、1週間後に返送した。

大串はホームページに「お客様の声」を掲載したかったので、タペストリーと一緒にアンケート用紙を同封した。数日後、返信用封筒が自宅に届き、丁寧な文字で感想が書き込まれていた。

『本当にありがとうございました。狭いアパートで雛人形の処分に困っていたので、感謝の言葉しかありません』

大串は感動で身震いが止まらなかった。これが猫の運転手の言っていた「人に喜んでもらう」という仕事の醍醐味だと思った。本業では味わうことのない、副業の面白さを肌で感じ、もっとこの世界にのめり込んでいきたいという思いが強くなった。

課長補佐から一躍社長に！

注文や問い合わせは次から次へと舞い込んできた。**お金が入るとすぐに広告費に投資したことで、受注数は日に日に増えていった。**検索順位が上がったことも相まって売上はさらに伸び、冬美一人でタペストリーを制作することが難しくなっていった。

大串も最初のうちは通勤時間や昼休みを利用して受注処理や問い合わせの対応をしていたが、次第に片手間で対応できる注文数ではなくなっていた。

「私、幼稚園のパート辞めようと思うの」

冬美が大串に提案してきた。

「簡単な問い合わせと受注管理だったら私にもできそうだし、クレームや難しい問い合わせだけをあなたがやるようにすれば、お互いの負担も軽くなるでしょ」

「でも、タペストリーの制作との掛け持ちは大変じゃないか」

「そこは手先の器用な友達に手伝ってもらおうと思っているの。私の回りにも子どもが小さくて在宅で仕事をしたい主婦がたくさんいるのよ。その人たちにも仕事を回してあげたい思いもあるの」

「だけど、幼稚園の仕事、辞めてもいいのか？」

大串が心配そうに尋ねた。

「好きな仕事だったけど、資格のある仕事だから、またいつでも復帰できるしね。それに最初は反対だった副業も、実際にやってみると楽しいし」

大串は副業を始める前に、**事前に家族の了承を得ていて本当に良かった**と思った。副業は本業に対して〝副〟の存在ではあるが、生活においても〝副〟の存在なのである。

〝副〟である以上、家族に負担をかけることになるので、家族全員が納得した上で副業を始めなくてはいけない。

そして、家族の了承が得られれば、副業にも協力してくれるし、副業で売上を伸ばすときにも家族の協力が得られると思った。

翌月から冬美は専属となって雛人形の引き取りサービスの仕事をするようになった。タペストリー作りも冬美のママ友に仕事を振り、大串は今まで以上に集客や販促に力を注ぐことができるようになった。

やがて大串は経費や節税の面を考えて、**個人事業主よりも会社組織にした方がメリットが大きい**と思うようになった。知り合いの税理士に依頼して会社を登記し、大串は「代表取締役」という肩書きを得ることになった。

社員は冬美一人しかいない小さな会社だったが、大串は妙に心が弾んだ。会社ではいまだに課長補佐というさえない肩書きだったが、名目上でも社長になれたことが嬉しかった。

大串が販促に専念すればするほど売上は伸びていった。しかし、売上が伸びることによって、次第に冬美が専属になっても対応できる受注量ではなくなっていった。

1日の注文数は5件ぐらいしかなかったが、今までになかったサービスということもあり、問い合わせや質問の数が1日20〜30件入るようになっていた。ブラインドタッチが苦手な冬美にとって、返信するだけでも1日作業になってしまい、とうとうタペストリーの制作の管理にまで手が回らなくなってしまった。

大串は電車の中で一人考え込んだ。冬美とは別に受注管理専属のスタッフを雇おうとも思ったが、パート一人が1日中対応するほどの仕事量ではなかった。自宅で仕事をしているので、他人を家に入れることも嫌だった。

ピンポイントでネットの仕事だけをやってくれる人をどうやって雇えばいいのか——。

その瞬間、大串は「あっ」と声をあげた。すぐにスマホで副業の仲介サイトにアクセスをし、**ネットで受注管理をしてくれる副業者を探し始めた。**「受注管理」という検索キーワードで調べたところ、すぐに大阪でネットショップの受注管理をやっている副業者が見つかった。

大串はすぐに仕事のオファーを入れようと思った。しかし、問い合わせボタンをクリックする直前で手が止まった。外部に受注や問い合わせを委託することによって、経費は今まで以上にかかり、手元に入るお金も少なくなる。

大串は悩んだ。そして首を左右に振り「今はお金よりも効率化だ」と、力を込めて問い合わせボタンを人差し指でクリックした。

月10万の副収入で将来設計激変

受注管理や問い合わせ業務を外部委託したことによって、冬美の負担は一気に軽くなった。副業者が副業者に仕事を依頼する方法に気づいた大串は、ホームページの更新やSNSの運用も、仲介サイトで探した副業者に依頼することにした。

気づけば冬美と大串も含めて7人のチームができあがり、チャットでやり取りしながら業務を回していくことになった。**広告運用や検索対策も副業者に任せ、大串は仕事量を大幅に減らすことができるようになった。**

副業者やタペストリーの制作者にお金を支払っても、**手元には毎月10万円のお金が残る**ようになっていた。

大串家の生活水準は上がり、財布の中身を気にせず外食やショッピングもできるようになった。家族旅行ではワンランク上のホテルに泊まるようになり、菜々子の学習塾や習い事も、気兼ねなく通わせることができるようになった。

「**このペースで行けば、家のローンも早く返せるかもね**」

冬美が電卓を叩きながら言った。

「老後の生活費も今のうちに貯めなくちゃいけないいな」

「その前に菜々子の教育費の方が先よ。子育てはこれからお金がかかるんだから」

冬美は私立中学校のパンフレットを机の上に並べた。

「菜々子、私立受験したいんだって」

「初めて聞いたぞ」

「学習塾を変えたら急に成績が伸びたのよ。塾の面談でも先生にこのあたりの私立だったら狙えますよって言われたの」


大串は学校のパンフレットを手に取った。子どもが行きたい学校に行かせてあげたいと思うのは全ての親が思うことである。

しかし、それが実現できるのは経済的に余裕のあるごく一部の家庭に限られる。**本業の収入だけだったら私立受験などできるはずもなかった**が、それが実現できるようになったのも、すべては副業を始めたおかげだと言えた。

いや——正確には副業のきっかけを与えてくれた猫たちのおかげである。屋台で副業の必要性を教えてくれた猫の店主、バーで副業の種類を教えてくれた猫のバーテンダー。そして、副業の探し方と心構えを教えてくれた猫の運転手。すべて、猫たちが教えてくれた副業のノウハウがあったからこそ、今の自分がいる。

しかし、猫バスで帰ってきた以来、大串は猫と遭遇する体験をしていない。

「あれは一体なんだったんだ」

大串は小声でそう言うと、大きな息を吐いて天井を見上げた。

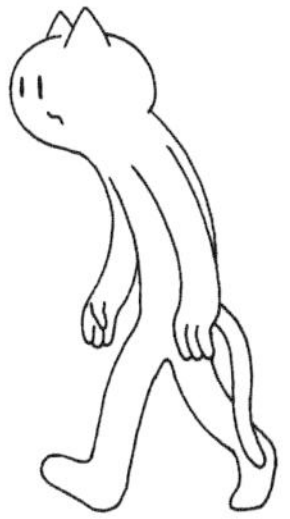

日本一カンタンな副業コラム④

副業を軌道に乗せるまでの四段階

副業を始めてから軌道に乗せるまでは四つの段階があります。

第一段階　調査
第二段階　練習
第三段階　実践
第四段階　効率化

それぞれの段階で使えるテクニックを紹介していきます。

軌道に乗せる①

「調査」――副業の体験談が参考になる

第一段階の「調査」とは、**副業を始める前の情報収集**のことです。事前にメリットとデメリットを知ることで、下準備や方向性が定まり、副業の成功確率を一気に上げることができます。

事前調査で最も参考になるのは、**副業者の体験談**です。副業を始めた頃の苦労話や、売上の伸ばし方、失敗談や成功体験などを聞くことによって、「やるべきこと」が具体的に見えてきます（206ページから体験談を紹介）。

体験談はネットで検索すれば、すぐに見つかります。「データ入力　体験談　副業」「ライティング　副業　体験談」など、Googleの検索窓にキーワードを打ち込めば、ブログやレポート記事がヒットして、自分がやりたい副業の現状を知ることができます。

また、「Yahoo!知恵袋」などのQ＆Aサイトも情報収集の場としてお勧めです。副業に関する質問や回答が載っている上、自分でも質問を投げ込むことができるので、いろいろな人からアドバイスを受けることができます。

Twitterの検索機能を使って情報収集することも、最近の副業者の間ではトレンドになっています。Twitterにはタイムリーな情報が投げ込まれやすいため、副業に関する〝今〟の情報をキャッチすることができます。ネガティブな不満や愚痴も書き込まれていたりするので、ＳＮＳなどを使ってコアな情報を集めてみるのもいいでしょう。

ただし、副業の体験談を聞く際は、その副業者が「いつ頃始めたのか」という**スタート時期に注意しながら情報収集をする**ことを心掛けなくてはいけません。

例えば、ホームページ制作の副業であれば、２００５年頃だと多くの企業がホームページを作ろうとしていたので、黙っていても次から次へと仕事が舞い込んできていました。

しかし、今になっては、どこの企業もホームページを所有しているため、サイト制作で案件を取ることは難しくなっています。ブログやSNSを使って副業者が情報を発信をしても、おそらく新規の案件を取りに行くのは難しいと思った方がいいでしょう。

このように、その副業の黎明期と飽和期では、攻略法がまったく変わってしまいます。できるだけ「つい最近」の体験談を調べることが、自分の副業に役に立つ情報になると思った方がいいでしょう。

軌道に乗せる②
「練習」——エア副業で経験を積む

第二段階は「練習」というフェーズになります。副業といえども、未経験の人がいきなり始めてしまうと、やはり失敗する確率が高くなってしまいます。

副業の成功確率は、そもそも1割ぐらいしかないと思って下さい。

10人が副業にチャレンジしたら、9人は失敗します。それだけ成功確率が低いビジネスなのです。

しかし、真面目に取り組めば5割ぐらいの成功確率に上がります。つまり、正しい勉強をして副業に2回チャレンジすれば、必ず1回は成功するぐらい高確率になるのです。

理想の副業の始め方は、練習の段階で1回失敗して、それを学びにして新たな副業にチャレンジする方法です。そうすれば、副業で成功する確率は一気に高まります。練習期間を挟んで副業にチャレンジした方が、ムダな投資も少なくて済み、収入も安定する時期も早まります。


それぞれの副業によって練習の内容はさまざまですが、まずは**「エア副業」をやってみる**ことをお勧めします。

エア副業とは、その副業を「やっているつもり」になることです。例えば、経営コンサルタントを副業にしたい人はYahoo!知恵袋などに書き込まれた経営に関する質問に対して、自分だったらどのように解決策を提案するのか、試しに回答してみるといいでしょう。

実際に回答をYahoo!知恵袋に書き込む必要はありません。自分で回答を書いてみて、適切な答えを導き出せるかどうか実践することで、副業の疑似体験をすることができます。

他にも、ウェブライティングの副業をするのであれば、自分でブログを書いてみたり、データ入力の副業をするのであれば、データを実際にExcelに打ち込んでみたり、仕事を請け負う前に、副業を疑似体験することは思いのほか簡単にできます。

練習の成果を自分のスキルとして効率よく吸収したい場合は、無償で誰かにサービスを提供してみるといいでしょう。

知人の会社に無料でコンサルティングをして感想を聞いてみたり、自分の描いたイラストを親に見せてアドバイスをもらったり、第三者の批評を受けることが、最短でスキルを磨く方法と言えます。

自分の副業を他人に評価してもらうことは非常に恥ずかしいことですが、客観的な意見やアドバイスを受けなければ、才能は永遠に独りよがりのものになってしまいます。

副業の多くが内にこもりやすい仕事になるので、いかに早い段階で外部の意見を効率よく取り入れるかが、副業を成功に導くポイントになります。

「実践」――失敗したところで損はないと考える

第三段階は「実践」というフェーズです。副業の調査をして、練習を行えば、あとは副業を始めるだけです。しかし、多くの人が、ここで副業を始めずに、やめてしまうのが現状です。

理由は「**失敗したらどうしよう**」という不安が大きくなってしまい、行動に移すことが怖くなってしまうからです。「うまくいかないかも」「自分なんかが成功するはずがない」と尻込みしてしまい、副業を空想話で終わらせてしまう人がじつに多いのです。

ここで断言させて頂きますが、本書を読んでいる人のほとんどが副業に失敗します。「そんな無責任な！」と思われるかもしれませんが、副業に限らず、お金儲けはそもそも失敗する確率が高いものなのです。

サラリーマン生活をしていると、失敗しても会社が守ってくれるので、商売の成功確率は高いと勘違いしてしまいがちです。しかし、実際のところ、副業のようなスモールビジネスは、たくさんの失敗の上で成功が成り立っている非常に脆いビジネスモデルなのです。

だからこそ、副業にチャレンジすることに尻込みしてはいけません。躊躇する必要もないし、諦める必要もありません。**「しょせん副業」「たかが副業」ぐらいに思って、肩の力を抜いて副業を始めることをお勧めします。**

本業ではないので、失敗しても人生を狂わすような大損害を被ることはありません。**失敗しても何度でも始められるのが副業です。**やめたければいつでもやめていいんです。

副業は「やる」か「やらない」かの二つの選択しかありません。失敗を怖がらず、楽しい副業ライフをイメージしながら、チャレンジしてみてください。

軌道に乗せる④

「効率化」——自動的に儲かる仕組みづくり

最後のフェーズは「効率化」です。副業に限らず、始めたばかりのビジネスというのは、行き当たりばったりの業務がほとんどになるので、仕事の流れがぐちゃぐちゃになっています。予想外のことが次から次へと発生するため、効率が非常に悪いことが、むしろ当たり前と言えます。

しかし、仕事にも余裕が出てくると、どうすれば効率よく業務を回すことができるのか、業務改善に向けて動き出す時期がやってきます。とくに副業の場合は限られた時間の中で仕事をしなくてはいけないので、**業務の効率化が成功のカギを握っている**と言ってもいいでしょう。

外注の副業者に仕事を委託したり、書類の整理やルーチンワークを別の人にやってもらったり、自分の時間を作ることが、副業を成長させるためのポイントになります。

例えば、ネット通販の商品発送の業務は、自分一人でやると大変な作業になりますが、外部の物流業者に委託すれば、受注管理から梱包まで請け負ってくれるので、本業をやりながらでも商品を発送することが可能になります。

また、電話対応に関しても、本業をやりながらだと電話を取ることができませんが、電話の受け答えだけをしてくれる秘書サービスを利用すれば、必要な要件だけを逐一メールで送ってくれるので、電話による注文や問い合わせの機会損失を防ぐことができます。

他にも、お客様に返信するメールを定型文にして効率化を図ったり、銀行に記帳しに行く手間を省くためにネット銀行を活用したり、さまざまな方法で副業の業務をスリム化することができます。

これらの業務の効率化は、**副業をやっている仲間や先輩たちから情報収集するといいでしょう。**

効率化の話は表に出にくい上に、説明が難しくて地味な話になるので、ネットで調べていてもなかなか見つけることができません。副業の勉強会やセミナーが定期的に行われていたりしているので、そのような場に顔を出して、他の人と副業の情報交換をすることが、効率化の近道になります。

ただし、副業に関するセミナーは、ねずみ講や自己啓発の勧誘の場になっているケースも多く、むやみやたらに参加すると、詐欺のような副業に巻き込まれてしまう恐れがあります。

「誰でも簡単に稼げる！」「1ヶ月で100万円儲かった！」というような、うまい話のタイトルのセミナーは、まず警戒した方がいいでしょう。

また、セミナーを申し込む前に、講師の名前を検索で調べてみると、詐欺やトラブルの話が見つかるケースもあるので、主催者の経歴や実績を事前に調査することも防衛策のひとつになります。

講師やコンサルタントの先生を神のように崇める宗教団体のような勉強会やセミナーもあるので、参加する際は一人で行くのではなく、友達など複数人で参加することをお勧めします。

Chapter05

第5章 月10万円の副収入! 副業の売上を安定させる方法

雛人形の引き取りサービスの売上は順調に伸び続けた。しかし、同じサービスを始める業者が少しずつ増え始め、**売上は副業を始めてから1年目を境に下降し始めた。**

特別なスキルが必要な商売ではなく、ビジネスモデルも単純なため、大串はある程度、真似される商売であることを覚悟していた。

だが、いざ同業者が増え始めると、検索順位は下がり、広告費は高騰し、想定していたよりも早いスピードで売上が落ち始めていった。

大串は持ち前のネット販売のスキルを活かし、ページや広告運用を改善し、売上の回復に努めた。しかし、同じサービスで料金が安い業者が現れたり、タペストリーをプロのデザイナーに作ってもらったりするサービスが登場して、次第に小手先の販促テクニックで売上を回復させることが難しくなっていった。

雛人形の引き取る数は日を追うごとに下がり続け、コストランニングを抑えるために、今まで組んでいた副業者チームを解散せざるを得なくなってしまった。経費削減で広告費を削ったところ、さらに注文数は減り、ついに売上はピーク時の半分以下にまで落ちてしまった。

売上が伸び悩んだときの対策

大串は悩んだ。売上をV字回復させるためには、**競合他社よりも料金を下げるしか方法はなかった。**タペストリーもプロのデザイナーにお願いして、商品の見栄えを良くして付加価値を上げて差別化していくしかないと思った。

しかし——タペストリーのデザインを外注に出せば、デザイン料が発生するので利益はさらに削られてしまう。まして値下げをするのであれば、儲けは今よりも確実に少なくなる。**以前の収入を得るのであれば、2~3倍の売上を取りに行く必要があり、**そのためには検索対策やネット広告に、今まで以上にお金や時間を投資しなくてはいけなくなる。

「これは得策じゃない」

大串は頭を抱え込んだ。販促費を増やしても、今の2~3倍の売上が取れるイメージが湧かなかった。以前のように雛人形の引き取りサービスがネット上に自分のサイトしかない状態であれば、売上を独占することができた。しかし、今のようなレッドオーシャンでは、すぐに採算分岐点を超えてしまい儲からなくなってしまう。

大串がもうひとつ気がかりだったのは、**競合のサイトが、本業の会社ばかりだという点だった。**人形メーカーや手芸用品を扱う企業が雛人形の引き取りサービスに参入しており、ホームページのコンテンツ作りやサービスのアフターフォローが大串のサイトよりも明らかにクオリティが高かった。

会社から帰ってきて1日2時間しか運営に携われない大串と比べて、本業で8時間みっちり仕事ができる企業の方が、高いレベルの仕事ができるのは当たり前のことだった。予算もあるので広告費のパワーゲームになったら、まず勝ち目はないと思った。

値下げ競争もどこで下げ止まるか見当もつかない。料金を下げれば、当然、競合もさらに値を下げてくるはずだ。自分がネット広告や検索エンジン対策に力を入れれば、おそらくライバルの業者も今まで以上に力を入れて対抗してくるに違いない。

「どうすりゃいいんだ」

大串は大きく息を吐いた。

「温泉にでも行ってきたら?」

冬美の勧めで1泊2日の一人旅に出た。関東近郊の山間部にある小さな温泉宿に行き、山の幸の料理を食べ、露天風呂に浸かり、久しぶりに仕事のストレスから解放された。

次の日、宿を出て駅まで歩いている途中、古びた神社を見つけた。

「こんなところに神社なんてあったか?」

鳥居をくぐると、境内から猫の神主が現れた。大串は二本足で立つ猫に驚くよりも、久しぶりに猫に出会えたことの方が嬉しく、前のめりで駆け寄っていった。

「困っているようだね」

大串は今までの経緯と、副業の売上が下がっている悩みを打ち明けた。猫の神主は黙って話を聞き続け、最後に「ふむふむ」と、自分の髭をゆっくりと撫でた。

「それは大変な状況だ」

「どこかで調子に乗っていたところがあったのかもしれません。もっと競合への対策を事前にしっかり立てておくべきでした。自分の愚かさに深く反省しています」

「いやいや、あなたは反省する必要はない」

大串は顔をあげた。

「**副業は小さくて脆いビジネス**なんだよ。長続きさせることは大きい会社を経営することよりも難しいんだ」

猫の神主は「例えば」と、話を続けた。

「大きな船と小さな船、荒波に出るとどちらが沈みやすい？」

「それは小さな船の方が沈みやすいですよ」

「なぜ、そう思う？」

「だって小さな船はすぐに波に飲まれて沈んでしまうじゃないですか。大きい船の方が揺れも少ないし、図体もでかいから、大きな波を受けてもそう簡単には沈みませんよ」

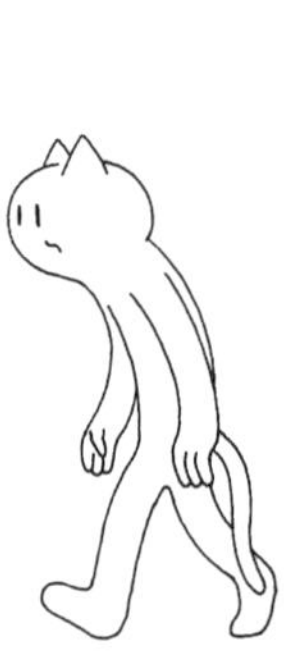

大串はそこまで言うと「あっ」と声を発した。

「気づいたかね？」

「小さな副業のビジネスの方が、大きい本業のビジネスよりも脆い理由がわかりました」

こう考えれば安心して副業できる

大串は勝手に小さいビジネスの方が簡単で、大きなビジネスの方が難しいと思い込んでいた。

しかし、**実際は小さいビジネスの方がアクシデントに弱く、経営を維持することが難し**

い。一方で大きいビジネスは組織に守られているので、経営のかじ取りが大雑把でも安定させることができる。

大きい組織ならアクシデントがあっても会社が一丸となって守ってくれるし、競合が現れてもそう簡単には潰れない。トラブルが起きても誰かがフォローしてくれるし、一人ひとりに危機意識がなくても事業が傾いてしまうこともない。

大串は本業の印刷会社でも同じことが言えると思った。大きな失敗が起きても会社が潰れずにいられるのは、組織としてリスクを分散しているからである。

しかし、大きな組織で働いていると会社に自分が守られている自覚がなくなってしまう一面もあった。アクシデントやイレギュラーな出来事に対しての感覚は鈍り、気がつけばこの年齢まで、自分の会社に危機意識を持つことは一度もなかった。

安定した生活を送ってきたサラリーマンが、副業がうまくいかずに、すぐに音を上げてしまうのは、**日ごろの危機意識の欠如が原因**だと思った。

「副業がすぐに行き詰まってしまうのは、小さなビジネスの運命なんだよ」

「私はその運命を受け入れなくてはいけないのでしょうか」

大串の言葉に猫の神主は首を振った。

「その運命は自分の努力でいくらでもひっくり返すことができる。私が今から**副業を安定させる三つの大切なこと**を話すから、よく覚えておきなさい」

猫の神主は大串の前に人差し指を立てた。

「ひとつは、**副業の目的を明確にすること**だよ。家のローンを早く返したいとか、欲しいものを買いたいとか、副業で働く目的を明確にすることで、ムダな焦りをなくすんだ」

大串は猫の神主の言葉に大きく頷いた。焦ってしまうと、価格を下げてしまったり、ムダな広告を投資してしまったり、儲けを減らすような行為に出てしまう。

よくよく考えれば、副業は生活する上での副収入でしかない。いくら副業の収入が下がっても、本業の収入がある以上、家族が路頭に迷うことはない。儲からないからと言って、焦って今のビジネスモデルを壊すような真似をする必要はないのだ。

「あなたの副業の目的はなんだね？」

猫の神主が尋ねてきた。大串はすぐに「お金です」と答えた。

「それは本当か？」

「えっ？」

「本当にお金が欲しくて、副業を始めたのか?」

大串は副業を始めた動機を思い返した。副業を始める前は、今よりもお金のない生活をしていたが、日々の生活に不満があるわけではなかった。しかし、屋台で猫の店主に諭されて「自分の人生、このままではいけない」という危機意識が生まれて、それで副業を始める決心を固めた。


「副業を始めた理由は……お金だけが目的ではありません。人生のリスクを分散させたり、本業とは別の仕事の喜びを見つけ出したい思いがあったり、さまざまです」

「つまり、大事なものを捨ててまでお金が欲しいわけではないんだな」

「その通りです。生活に少しだけゆとりが持てる収入と、副業をする楽しさが失わなければ、それで十分です」

猫の神主は柔らかい笑顔で大串を見た。

「それなら売上が落ちても焦る必要はないだろ。小さなビジネスは売上を伸ばすのに時間がかかる。焦って売上を伸ばした施策は、簡単に売上を落としてしまうのが世の常なんだよ」

大串は雛人形の引き取りサービスを立ち上げたときのことを思い出した。

ネットビジネスをゼロから学び、ホームページの制作を始めたのは3ヶ月後だった。時間をかけて練りに練ったビジネスモデルだったから売上が順調に伸びたが、もし、何も調査せず、練習もしないでホームページを立ち上げていたら、売上はすぐに伸びなかったはずだ。仮に伸びたとしても知識と経験がないからすぐに売上を落としていたに違いない。

「売上の回復にはじっくり取り組みなさい。そして、副業で欲しい最低限の収入が確保できれば、無理をする必要はない」

副収入が入るようになってから、大串家では大きなローンを組んだ買い物もしていないし、贅沢品を買っているわけでもなかった。強いて言うなら、菜々子の学習塾の費用を増やしたぐらいである。私立の中学校に入学させるお金も含めれば、月に5万円も稼げれば副業として十分と言えた。

「焦る気持ちがだんだん治まってきました」

「**副業の最大のメリットは、お金に左右されない人生を送れること**なんだよ。お金に真剣になる必要はないんだ。お金が欲しいという気持ちが強くなると、人を恨んだり、妬んだりして、お金に振り回される不幸な人生を歩むことになる。お金は人を幸せにする力もあれば、不幸にする力もあるんだ」

副業が好調でも会社を辞めるな

猫の神主は大串の前に2本目の指を立てた。

「もうひとつの大切なことは、**すぐに本業の会社を辞めてはいけないこと**だ」

大串の胸の鼓動が早まった。ここ数日、売上を回復させるためには、自分が会社を辞めて、雛人形の引き取りサービスに専念するべきだと考えていた。

「サラリーマンを辞めて、副業を本業にした人で幸せを掴んだ人は少ないんだよ」

「ほんとですか!」

「本業を辞めて、副業の収入が1本になったことで焦りが生まれて、みんな失敗するんだよ。自分のやりたかった仕事や、お客様に喜んでもらえる仕事ができなくなって、仕事そのものが楽しくなくなってしまうんだ」

大串は猫の運転手の言葉を思い出した。副業を成功させるためには、「好きなこと」と「人に喜んでもらうこと」の二つの条件がなければいけないと教わった。それを考えた上で始

めたのが、今の雛人形の引き取りサービスだった。

大串は猫の神主の顔を見上げた。

「もし、会社を辞めて、副業に専念したら、好きなビジネスの戦略をじっくり考える余裕がなくなりそうです。お客さんに喜んでもらうことよりも、売上を伸ばすことに力を入れてしまうから、サービスの評判も悪くなってしまうかもしれません」

「**副業で始めた商売は、本業になりにくい**んだよ。大きくお金が稼げるビジネスになりにくいし、売上を追求すると、ビジネスそのものが面白くなくなるんだ」

猫の神主は大串に顔を近づけた。

「これからは確実性の高い時代から、不確実性の高い時代へと変わっていく。台風や地震などの自然災害、大企業の倒産や株価暴落など、今までの経験では予想できなかったことが次々に発生して、変動性の高い世の中になっていくんだ。**こんな時代に本業を捨てるのは、リスクの高い人生を歩むことになる。**家族を路頭に迷わせて、自分の人生そのものを迷走させてしまうきっかけにもなりかねない」

リーマンショックや英国のＥＵ離脱など、今まで予想できなかったことが世界中で次々に起きている。日本でも東日本大震災や新型コロナウイルスなど、想定していなかった出来事が起きて、経済が混乱する事態が矢継ぎ早に発生している。

「大切なことは、**不確実性の高い出来事が起きても、安定した収入を得る生活基盤を作る**ことなんだよ。本業で安定した収入を得て、副業でプラスαの収入を得る生活スタイルが、これからのサラリーマンの働き方として、世の中に定着していくはずだ」

大串は首をゆっくりと縦に振ると、「ひとつ質問があります」と言葉を繋げた。

「変化の激しい時代に副業をやらなくてはいけないことは理解できました。しかし、現状は副業の売上は下がり続けています。小さくて脆い副業のビジネスモデルは、どうしたら売上を回復させることができるのでしょうか」

猫の神主は「それが三つ目に伝えたかったことなんだよ」と、大串の目の前に3本目の指を立てた。

「今の副業に〝キャラクター〟を打ち出していきなさい」

唐突に出てきた言葉に、大串は首を傾げた。

「自分がなぜ、このビジネスを始めて、どういう思いで商売をしているのか、ホームページだけではなく、ブログやSNSで情報発信をしていくんだ。その思いが伝われば、お客さんの方も『この店で買いたい』と思ってくれるはずだ。同じサービスの同業他社がいる場合は、売り手側のキャラクターで差をつけて、お客さんに選ばれる店作りをしていかなくてはいけないんだ」

あなたから買いたいと言わせる

大串のホームページには、雛人形の引き取りサービスの内容が淡々と描かれているだけだった。個人的な情報は名前以外、一切載せていない。

自分の顔写真を掲載したり、商売に対する思いをブログで書いたりするのは、なんとなく「恥ずかしい」という思いがあり、キャラクターを打ち出す売り方に対しては以前から抵抗感を持っていた。

大串が黙っていると、猫の神主が「おやおや」と自分の口元に手をやった。

「キャラクターを打ち出していく売り方に、そんなに乗り気ではないね」

猫の神主の言っていることが図星だったので、大串は言葉に詰まった。

「よくよく考えてみなさい。あなたが今やっている副業は、あなたにしかできない商売かい?」

「いいえ、誰でも簡単にできる商売です」

「そうなると、商品やサービスで差別化することはできないだろ」

「その通りです。だから今、激しい価格競争にさらされています」

猫の神主はコクリと頷いた。

「副業のような小さなビジネスは、そもそも投資金額も少なくて、特別な能力があってできる商売じゃないから真似されやすいんだよ。簡単に儲かる話は、簡単に競合他社に参入されて、あっという間に価格競争に巻き込まれてしまうんだ」

大串は小さなビジネスを片っ端から思い起こした。楽天やアマゾンに出店しているネットショップはつねに価格競争に明け暮れているし、YouTube の動画制作やウェブライティングの仕事も、価格の安いところにクライアントが流れていく動きが止まらない。

近所のスーパーマーケットでは1円単位で価格競争が起きており、ガソリンスタンドもつねに安いところに車の行列ができている。これも全ては簡単に参入されてしまうビジネスモデルに要因があると思った。

「小さなビジネスが価格競争から脱するためには、『**高くてもあの店から買いたい**』とお客様に思ってもらうことなんだよ。同じ商品、同じサービスでも、売っている人たちを好きにさせることができれば、お客様は高くてもその店から商品を買ってくれるんだよ」

大串は猫の神主の言葉がにわかに信じられなかった。キャラクターを打ち出せば、本当に価格競争から脱することができるのだろうか。その疑問をぶつけると、猫の神主は「では、ひとつ質問しよう」と、改まった口調で話し始めた。

「あなたには、行きつけの飲食店はあるかい？」

「あります。馴染みの寿司屋があります」

「そこのお店に、なぜ行く？」

「なぜって……そこの店の雰囲気が好きだからです」

「なぜ、雰囲気がいい」

「それは……店主と話すのが楽しくて……あっ」

大串は口元を抑えた。

「お寿司なら回転寿司でもいいだろ？　美味しい寿司なら、同じ値段でももっといいお店

があるかもしれない。でも、あなたは、その寿司屋に通い続けている。高いお金を払ってでも、そのお店に行くのは、なぜだ?」

「そこの店で美味しい寿司を食べて、お酒を飲んで、店主と過ごす時間が楽しいからです」

猫の神主は頬を緩めた。

大串は自分自身が「高くても買う」という消費行動を無意識のうちにしていることに初めて気がついた。

猫の神主の言うとおり、同じ商品でも、「この人から買いたい」という明確な理由があれば、脇目も振らず、その店に買いに行くのだ。

もっとホームページで自分たちのキャラクターを打ち出して、自分がどういう思いで商売に携わり、**なぜ、他の店よりも高い価格で商売をしているのか、丁寧にお客さんに説明していく必要があると思った。**

大串の心は晴れやかだった。今までの悩みが全てなくなり、すぐにでも家に帰って、新たな施策に取り組みたいという気持ちでいっぱいだった。

「ありがとうございました。自分が何をやるべきなのか、ようやくわかりました」

大串は深々と頭を下げた。猫の神主は「それは良かった」と口元を緩めると、その場で宙にゆっくりと浮かび上がり始めた。

「待って下さい！」

大串は猫の神主に向かって叫んだ。

「最後にひとつだけ教えて下さい。なぜ、猫たちは私の前に現れて、副業についていろいろ教えてくれたんでしょうか」

猫の神主は大串を見下ろしながら「たいした理由はないよ」と笑い出した。

「たまたま副業を始めたいあなたと、副業を教えたい猫が出会っただけの話だ。商売なんて偶然と運の重なり合いでしかない。しかし、その偶然と運を引き込んだのは、あなたの実力でもあるんだ」

猫の神主はそう言うと、再びゆっくりと空に舞い上がり始めた。

「これからも自信を持って副業を続けなさい。そして、あなたの周りの人たちを幸せにしてあげなさい」

大串は猫の神主の姿が見えなくなるまで、ずっと空を見上げ続けた。

エピローグ

大串はリゾートホテルのプールサイドでビジネス書を読んでいた。菜々子が「お父さん、遊ぼうよ」と声をかけるが、「あと少し」と言って、大串はページをめくり続けた。

「せっかくのお休みなんだから」

振り向くと冬美が呆れた顔で立っていた。「あとちょっとで読み終わるからさ」と言うと、冬美は大串の読んでいた本を取り上げた。

「今回の海外旅行は、菜々子が私立中学に合格したご褒美でしょ」

冬美は鼻の穴を膨らませた。大串は「わかった、わかった」と、菜々子のいるプールに勢いよく飛び込んだ。


大串の雛人形の引き取りサービスは、一時的に売上は落ちたものの、大串のビジネスへのこだわりや、タペストリーを作る工程などを動画で配信したことで、再び売上を盛り返していった。

まめなプレスリリースの発信でマスメディアにも頻繁に取り上げられるようになり、他社よりサービスの料金が高くても、大串のサイトに注文が集まるようになった。

売上はさらに伸びていったが、大串はその利益を、副業者を増やすことに投資していった。世の中には自分のように本業以外で稼ぎたい人がたくさんいる。その人たちに、少しでも副業で稼ぐチャンスを増やしていくことが、自分の与えられた使命だと考えるようになった。


本業の印刷会社の仕事では、副業で学んだネット販促の知識と経験が役に立ち、1年前から会社のネットマーケティングの仕事に携わるようになった。

来年からはEコマース事業部が立ち上がることになり、大串はその部署の初代部長に就任することが内定済みだ。

中小企業の印刷会社なので、役職が上がったからといって、大きく給料が増えるわけではない。

しかし、仕事は本業も副業も両方が楽しくてやりがいがある。副業で得たお金で、マンションのローンも早々に終わり、家族で年に1回の海外旅行ができるぐらいの贅沢はさせてもらっている。

「あなた、ひとつ聞いていい?」

ベッドで寝静まった菜々子の横で、冬美が尋ねてきた。

「私たちが副業で成功したのは、猫のアドバイスがあったおかげだって前に教えてくれたでしょ」

大串はいろいろな猫に出会って副業のノウハウを教えてもらった話を、一通り冬美に話していた。

まともに話をしたら頭がおかしくなったと勘違いされそうだったので、「そういう夢を見た」という前提で、冬美には伝えていた。

「私、この間、雑貨屋さんで招き猫の置物を見てふと思ったの。招き猫って商売繁盛の縁起物でしょ。だから、あなたが夢で見た猫は、私たちに幸福をもたらせる招き猫だったんじゃないかしら」


大串は冬美の話に「なるほど」と頷いた。猫が教えてくれた副業の話は、結果的に自分たちに〝福〟をもたらせてくれた。商売の〝福〟をもたらせてくれる招き猫が、仕事の〝副〟の話を教えてくれたと考えれば、無理やりだが辻褄が合うような気がした。

『副業で周りの人を幸せにしてあげなさい』

大串は猫の神主が最後に言った言葉を思い出した。副業を始めたおかげで、家族が幸せになり、自分の仕事を手伝ってくれる副業者の人達の生活が潤った。しかし、自分が〝福〟をもたらせることができたのは、身の回りにいる限られた人たちだけである。

「なぁ、冬美」

大串はゆっくりと口を開いた。

「この旅行から帰ったら、もうひとつ面白い副業を始めてみようと思うんだ」

「どんな副業？」

大串が耳元でビジネスアイデアを言うと、冬美は目を大きく見開いて「それは面白そうね！」と、口元をおさえながら笑い出した。

日本一カンタンな副業コラム⑤

副収入を安定させる具体的方法

副業による収入は、必ず不安定になります。安定することはありません。一人でやるビジネスは、顧客を増やすことに限界があるため、リスク分散ができず、どうしても変化に弱い商売になってしまうのです。

例えば、月に5本の仕事があった場合、1本の仕事がなくなると、売上は20％のダウンになります。本業の給与で考えれば2割ダウンは相当の痛手です。

しかし、副業のようなスモールビジネスの場合、仕事が1本消滅することなどは頻繁に発生する事案です。

同業者の料金が安かったり、仕事の仕上がりが少しでも良かったりすると、すぐにクライアントは副業者を鞍替えするので、今まで獲れていた仕事が突如獲れなくなることは当たり前に起きることなのです。

売上が落ちても焦らないことが大事

副業を始めた人は、スモールビジネスの脆弱性を理解しなくてはいけません。

人間はなかったものが増えることに対しては、気持ちに波風を立てませんが、あったものがなくなることに対しては、大きく心を乱します。**損失回避バイアス**が働き、余計なことに手をつけたり、やらなくていいことを始めてみたりして、本来の副業の安定性すら欠いてしまう行動を起こしてしまうのです。

長いつき合いの取引先から契約が切られたり、いつもやっている仕事の発注がなかったりすると、焦りが生まれる気持ちは理解できます。

しかし、副業というビジネスそのものが、刹那的で、脆弱性の高い商売であることを理解すれば、焦りがなくなり、気持ちを落ち着かせて、次の一手を打つことができるようになると思います。


副業の収入が落ちたときに、**売上を回復させる方法は三つ**あります。

売上を回復させる方法①

運を呼び込む情報発信

まずは「運を呼び込む情報発信」をすることです。

例えば、イラストを描くことを副業にしている人の場合、毎日、新しいイラストを描いたらTwitterに上げることを日課にするといいでしょう。また、ブログにも新しいイラストをアップするのも同時にやった方がいいと思います。

自分の作品を365日、毎日アップし続けることによって、そのTwitterやブログを見たお客から、新しい案件の問い合わせが入ってくるようになります。

この情報発信が多ければ多いほど、お客からの問い合わせが入る確率が上がり、売上が落ちたときに新しい案件を獲得するスピードがアップしていきます。

副業に限らず、仕事がとれるかとれないかは「運」次第です。しかし、その運を獲得するために、運が引っかかりやすい〝仕掛け〟をネット上に張り巡らせることが、運を呼び込む情報発信なのです。

TwitterやInstagram、ブログなどに自分の仕事のポートフォリオをたくさんアップしておけば、やがて、仕事の「運」がそこにひっかかるようになり、新たな収入源として落ち込んだ売上を補完してくれるようになります。

売上を回復させる方法②

固定客を大事にする

二つ目の売上回復策は、「固定客を大事にする」ということです。

売上が落ちたとき、副業者は失ったものを取り返そうとして、**すぐに新しい顧客を取りに行こうとします。**

しかし、新規顧客は警戒心が強く、コミュニケーションが取れていないため、獲得することが非常に難しいのが現状です。

新しいお客様を見つけるのにも手間と時間がかかりますし、相手が付加価値を理解してくれていないので、すぐに値引きを要求されて、利益の薄いビジネスを余儀なくされてしまいます。

もし、新たな売上を求めるのであれば、**今までおつき合いのある固定客にアプローチした方が、新たな売上を早く作ることができます。**

ただし、固定客は少しでも「大事にされていない」と感じると、すぐに離れてしまうリスクがあることは、理解しておいた方がいいでしょう。

ムリな売り込みや、不用意な料金の値上げは不信感を招き、顧客離れを引き起こします。

本業と違い、副業は相手から下に見られやすいため、ある程度、強気に出て行かなければいけないところがあります。

一方で強気に出過ぎるとお客に引かれてしまうことが多々あるので、そのさじ加減はじっくりと交渉の経験を積み、固定客から安定した収入が得られるテクニックを身につけていくようにしましょう。

売上を回復させる方法③
新しいことをやらない

三つ目の売上を回復させる方法は「新しいことをやらない」です。

売上が落ちると、副業者はすぐに「やり方が間違っている」「何かを勘違いしている」と自分を責める傾向があります。

しかし、**実際に売上が落ちた要因のほとんどは、「ライバルの出現」です。**

自分よりもライバルの副業者が頑張っていたり、お金をかけていたり、自分と比較されている相手の存在によって、自分の売上のシェアが持って行かれてしまったというのが、副業の売上が落ちた大多数の要因になっているのです。

売上を回復させるのであれば、「ライバルよりも頑張る」という施策しかありません。

情報発信を増やしたり、サービスのクオリティを上げたり、従来のものに磨きをかけることによって、ライバルの上を行くサービスを提供することが、失われたシェアを取り返すための唯一の方法になります。

一方、売上が落ちたことで、新しい施策を始めることはあまりお勧めしません。

副業は単純なビジネスモデルのため、**本業ほど〝裏ワザ〟が存在するものではありません。**

自分だけにしかできない画期的な術があるわけではないので、新しいやり方でライバルの上に行くケースは稀だと思った方がいいと思います。

しかし、それがわかっていても、副業者は売上を急回復させるための裏ワザを探したがるところがあります。

今までやったことのない広告に手を出したり、正体不明のコンサルタントに相談してみたり、本業をおろそかにしてまで、新しいやり方で売上を作ろうとする副業者は、思いのほか多いのです。

先述した売上を回復させるための「運を呼び込む情報発信」も「固定客を大事にする」ことも、すべては今までやってきた延長の仕事でしかありません。

副業は積み上げてきた努力でしか、売上を回復することができない脆弱なビジネスモデルだということは、理解しておいた方がいいと思います。

最後に。

今回のストーリーはハッピーエンドで締めくくっていますが、この後、大串が新しい副業で成功するのか、それとも大失敗するのか、読者のみなさんでサイドストーリーを考えてみるのも面白いかもしれません。

雛人形の引き取りサービスを応用して、もしかしたら、こいのぼりを引き取るサービスを始めるのかもしれません。また、雛人形を海外に販売するビジネスを始めて、さらに事業の拡大を狙っていくかもしれません。

ただ、ひとつだけ気をつけてほしいことは、お金儲けの話でお金儲けをすることをメインの副業にしないようにすることです。

多くの人に自分の体験談を知ってもらうのは素晴らしいことです。しかし、その情報を提供する見返りに金銭を受け取る仕事をメインの収入源にしてしまうと、コツコツと仕事をすることに興味を失ってしまい、本来の仕事のポテンシャルが下がってしまうケースが希にあります。

副業のコツを第三者に教える場合は、自分自身の副業の質を落とさないようにバランスを取りながら仕事をすることを心がけるようにしましょう。

少なくとも、この物語に登場した大串には、多くの人に副業の素晴らしさを伝えながら、いつまでもお客さんに喜んでもらえる副業をしてもらいたいというのが、著者として強く願うところです。

PART2

副業で人生が変わった！
挑戦と成功の実話

4人の実践者に聞いた「副業」成功のポイント

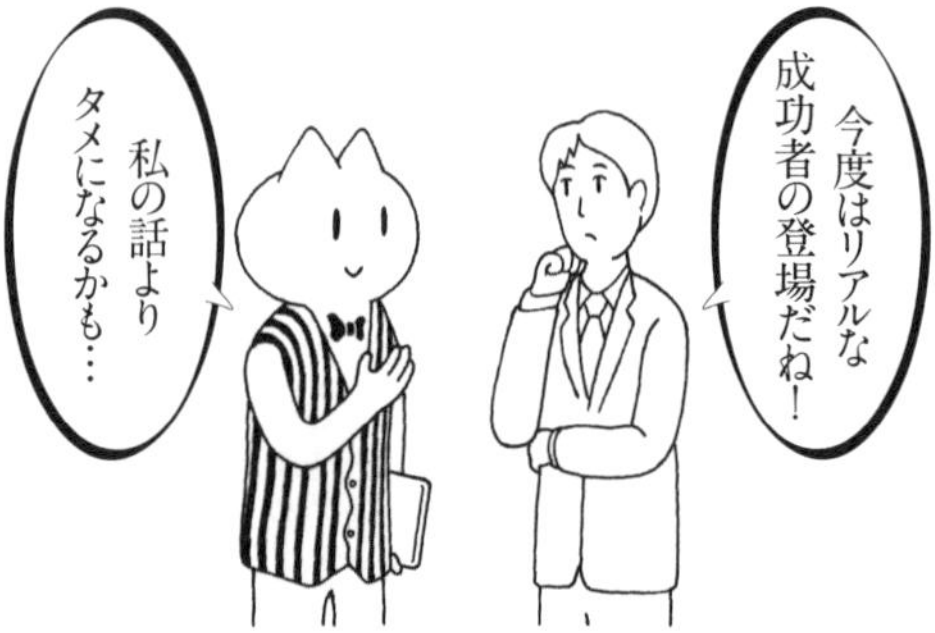
今度はリアルな
成功者の登場だね！
私の話より
タメになるかも…

パート1では、副業に詳しい猫師匠とサラリーマンのやりとりを通じて、副業の魅力や稼ぎ方、お金に対する考え方をお伝えしました。副業への興味が増した人、すぐにでもやってみたいと思った人も少なくないと思います。

そこで、パート2では、すでに独自の副業に取り組み、成功を収めている4人の副業家を取材。副業を始めた理由から、うまく軌道に乗せた方法まで聞きました。

副業の内容は次の4つです。

●中古パソコンの販売
●株投資のYouTubeチャンネル
●メールソフト「Outlook」の講師
●積み立て投資

加えて、都市と地方をつなぐコンセプトが話題となっている、新しい副業＝「ふるさと副業」の考案者に別途取材しました。早速、紹介していきます。

1 副業で人生が変わった

パソコン好きが高じて中古パソコン販売の副業をスタート！コロナ在宅でPC需要が高まり、ますます必要とされる存在に

「好きこそものの上手なれ」とはよく言ったもので、趣味のパソコンを副業に選んだ梶田さんは、その知識を活かして見事に成功！「好き」をお金に換えた方法を紹介します

Profile　梶田慎哉さん（50歳）

1970年生まれ。サラリーマン時代に中古パソコン販売の副業を開始。本業の年収を大きく上回ったのを機に、2008年に独立を果たす。中古パソコン販売の塾を主催するほか、東京・大阪での仕入れツアー、パソコン修理教室なども行っている。
ブログ「パソコン転売.com」
http://pasokon-tenbai.seesaa.net/

「新型コロナウイルスの影響で在宅勤務が増えましたよね。その影響もあって、私がかねてから副業で取り組んできたビジネスは絶好調です」

と語るのは、元サラリーマンの梶田慎哉さんです。在宅勤務が増えたおかげで伸びたビジネスとはいったい？

「中古パソコンの販売です」

コロナの感染拡大により、2020年は**サラリーマンがテレワークで使うパソコンの需要が急増しました。**また、子どもたちが一時休校になったことや、外で遊べなくなったことから、ゲーム用のパソコン＝ゲーミングパソコンの需要もアップ。その結果、梶田さんの中古パソコン販売の売上は前年より1・5倍に増えたと言います。

「新品のパソコンは高価格帯なものが多いため、手頃な価格の中古パソコンは人気があります。私は電気街で知られる東京・秋葉原などで中古パソコンを購入し、それをネット上でくり返し販売しました」

梶田さんによると、秋葉原にはいわゆる「**ジャンクの中古パソコン**」（**動作保証がないパソコン**）がたくさんあるとか。これを買ってきて自分で動作チェックし、動かないものは修理した後に、ヤフーオークション（以下ヤフオク）で販売。ジャンク品でもきちんと直して出品すれば、問題なく売れると言います。

とはいえ、パソコンを修理するなんてよほどの技術が必要では？

「私はもともとパソコンが好きで、20代の頃は自分で組み立てたりしていました。とはいえ、それを仕事にしていたわけではなくて、飲食店で働いていたりしたのですが、ある経験から副業として始めることにしたんです」

では、中古パソコン販売の副業を始めたきっかけ、成功の要因などを、梶田さんに振り返ってもらいましょう。

月の売上げは200万円！ 2020年は1・5倍の収入に

「中古パソコン販売を副業で始めたのは2001年頃です。今はそれを本業にして、事業として取り組んでいます。最近10年間の売上は平均して月200万円、利益はその30%～40%です」

中古パソコン販売というニッチな分野で、それだけ長い間、安定して高い収益を上げているとは驚きです。その原点は、かつて一世を風靡したあるパソコンの収集にあった、と梶田さんは振り返ります。

「**その昔大ヒットしたNECのパソコン・PC - 98シリーズの収集に、20代の頃にハマったんです。**新品の価格が1台50万円とか100万円もした時代があったんですけど、その中古品が電気街・秋葉原のお店に980円で売っているのを見つけて購入したのが最初ですね。以来、掘り出し物を探して安く買い集めるようになりました」

当時は寿司屋やピザ屋など飲食店で働いていた梶田さん。趣味でパソコンを収集し、自宅にはPC - 98シリーズがずらりとコレクションされていたと言います。

「出前の配達でオフィス街に行くと、パソコンに向かって仕事をしている人たちがいるわけですね。それを見て、私もそんな仕事をしたいなと思うこともありました。でも、とりあえず趣味でパソコンを集め、修理したり、いじったりして満足していました」

そんなとき、ある転機が。

「パソコンを買い集めすぎたせいで、自宅では保管できなくなり、処分するしかなくなったのです。正直、手放したくなかったのですが、捨てるくらいなら売った方がいいと思い、当時スタートしたばかりだったヤフオクに出品したんです。そしたら**980円で買ったPC-98が、2万5000円で売れた**のでびっくりしました」

PC-98シリーズをヤフオクに出品し、儲けを手にした梶田さん。こうして思いがけず副業が始まったのです。

「最初はお金儲けが目的だったわけではなく、売れたお金でまたパソコンを買って、いじることができる。それが楽しかったんです」

いつしか手元の在庫は底をつきましたが、中古パソコンの需要に気づいた梶田さんは、以後は時代の流れを汲んでwindowsを搭載

梶田さんが趣味で集めていた中古品のPC-98の数々。200台はあったが、飛ぶように売れていった

した中古パソコンの販売にシフト。試行錯誤しながら売上を伸ばしていきました。

「副業を始めてから7年後、給料以上に稼げるようになったのを機に、サラリーマンを辞めて独立しました」

スマホの登場でパソコンの需要が減る？

独立後もコンスタントに売上を上げてきた梶田さん。その秘けつは？

「パソコンは毎年のように新しい製品が登場するので、そのつど中古品が出てきます。中古でもまだ十分使えますし、新品を買うよりずっとお買い得なので、一貫してニーズが高いのです」

今やパソコンは1人1台の時代。ビジネスや学習、遊びなど用途は幅広く、需要は全世代に広がっています。

「2007年に登場したiPhoneに代表されるスマートフォンの普及により、一時期は**パソコンが必要なくなる**なんて言われたこともありました。でも、そうはならなかった。スマホは便利なツールとして日常的に使い、パソコンは仕事や趣味に欠かせないツールとして使う、というようにすみ分けがされていますよね」

最近は新型コロナの影響で、さらにパソコンの需要が増えているのは説明したとおりです。

では、中古パソコンをどこでどのように仕入れ、どうやってヤフオクで販売するのか。「仕入れ先」や「売り方」、「商品選びのコツ」を梶田さんに教えてもらいましょう。

まずは「**仕入れ先**」。どこで中古パソコンを入手するかです。

梶田さんの仕入れ先は二つ。秋葉原の店舗とヤフオクです。秋葉原には中古パソコンのお店がたくさんあり、ヤフオクにも中古パソコンが多数出品されています。

「地方在住の方の場合、秋葉原に定期的に足を運ぶのは難しいと思うので、地元の中古パソコンショップに仕入れに行くといいでしょう。ヤフオクなら全国どこに住んでいても、自宅で好きな時間に仕入れができます」

次は「**売り方**」。梶田さんは、中古パソコンの動作チェックを行い、壊れていれば修理してからヤフオクに出品しています。ただし近年は修理をせずに、簡単な動作チェックだけで済む商品が増えたと言います。

「動作チェックというのは電源を入れ、パソコンが正常に作動するかを確認することです。特別な技術は必要ないため、誰でも簡単にできます。そして、正常に作動したらそのまま出品できます。以前より手間がかからなくなりました」

どうして修理せずに売れるようになったのでしょうか？

「ひとつは**パソコンの性能が上がったから**です。おかげで中古でも修理不要で使えるものが多いんです。もうひとつは、**中古品を扱う業者さんの事情**によるものでしょう。業者さ

もともとパソコンをいじるのが趣味だった
梶田さん。簡単な修理はお手のもの

んは、薄利多売でいいから商品をどんどん回転させて儲けたいわけです。そのため店舗へ大量に中古パソコンを卸しますが、**動作チェックまで手が回りません。**結果、市場には未チェックのパソコンが大量に流通するわけですが、パソコンに詳しくない人はチェックされていない商品は買いにくい。そこで私たちがチェックをしてちゃんと動きますよ、とお墨付きで出品すると、売れるわけです」

中古パソコンをほしい人に適正価格で届ける

次は「**商品選び**」です。ひと口にパソコンといっても、デスクトップ型、ノート型、さらにメーカーが多数あり、選択に悩むところです。

「**初心者が扱いやすいのは、ノートパソコン**です。サラリーマンのテレワークや、学生のオンライン授業用の需要が増えているので、売りやすい上、仕入れ値も手頃な値段で買いやすいからです。ただし、zoomなどオンライン通話で必須のウェブカメラが搭載されている中古品を選ぶようにしてください」

ズバリ、売れ筋のメーカーは？

「私の経験では、**NEC、富士通、東芝**の三つです。この日本メーカー3社のノートパソコンは人気が高く、鉄板商品と言えますね」

他の日本メーカーや海外メーカーのものは？

「もちろん、売れないわけではありません。ただ、例えばパナソニックのノートパソコンの場合は、構造が複雑で、壊れていた場合は素人では修理が難しいでしょう。また、海外メーカーの製品は安いものが多いですが、購入後のサポート面などに不安があります。そうしたリスクを考えると、先の国産3大メーカーは初心者でも扱いやすいんです」

また、稼ぐには**ヤフオクで高く売るためのテクニック**も必要です。梶田さんはちょっとした工夫で、売値を上げることができると明かします。

「例えば〝おまけ〟をつけると効果的です。私がよくやるのは、出品するパソコンに**マウスのおまけをつけてあげます。**パソコンの色が赤ならそれと同じ赤色のマウスや、見た目のかわいいマウスをつけます。これが結構効くんです。わずかな出費で済むおまけの効果で、高値で売れることもよくあります」

さらに、ヤフオクに掲載するパソコンの写真も売値を左右する、と梶田さん。

「(下の写真のように)写真で目立つのは、パソコンのトップ画面ですね。ここが地味だと商品が魅力的に見えません。それを華やかな印象のものに変えるだけで、商品の見栄えが全然違います」

こうした工夫により、1台1~2万円前後で仕入れる中古のノートパソコンが、3万円前後で売れると言います。

「1台当たりの儲けは多くないですが、それで十分です。中古パソコンを求めている人はたくさんいるので、少しでも多くの商品を安く、適正価格で提供できればと思っています」

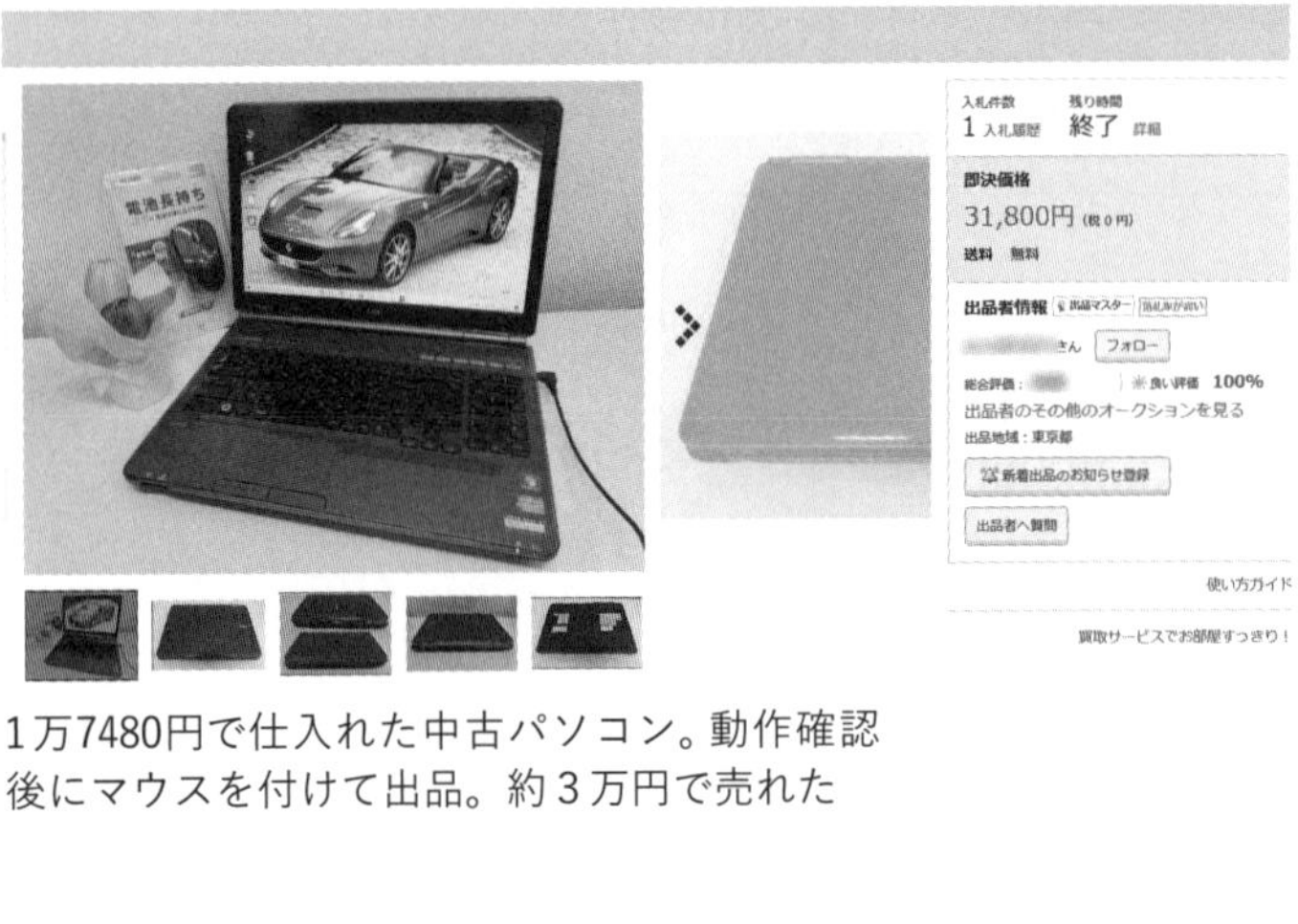

1万7480円で仕入れた中古パソコン。動作確認後にマウスを付けて出品。約3万円で売れた

教えた人が稼げるようになるのはうれしい

梶田さんは、副業当初から中古パソコンを売るのはヤフオクと決めてきました。メルカリなど売る場は他にもいろいろありますが、なぜヤフオクひと筋？

「確かに最近は、操作が簡単で便利なメルカリで商品を売る人が増えています。ただその分、価格競争に陥りやすく、利益は薄くなります。ヤフオクの場合はオークション形式なので、逆に価格は上がっていく仕組みです。また、ヤフオクは1円から販売をスタートするとか、『○△円なら即決』と提示して売るなど、売り手が商品に合わせて戦略的に販売することができるのも利点ですね」

梶田さんは中古パソコンを販売するだけではなく、秋葉原のお店を一緒に回り、**パソコンを仕入れるツアーの開催**や、**修理のやり方を教える教室**など、各種イベントを開催しています。

こうした派生するビジネスも大事な収入源になっています。

「東京・秋葉原、大阪・日本橋をめぐる仕入れツアーはかれこれ100回を超えています。今はコロナで中止することも多いですが、ツアーに参加して何度か練習することで仕入れのスキルが上がり、本業よりも稼げるようになって脱サラした人は数十人はいますよ。副業で人生を変えたい！　という人たちの挑戦を手伝うことができてうれしいですね」

最初は趣味でパソコンをいじっていた梶田さんは、それを副業にして稼ぐ道を見つけ、人生を大きく変えることができました。

「サラリーマンのときは副業で好きなことをやって、仕事のストレスを解消していました。今は好きなことが本業なので、ストレスはほぼなく、快適な毎日を過ごしています。副業をきっかけに自由な生活を手にすることができて本当に幸せです。この仕事は定年もないので、今後ものんびり続けていきたいと思います」

最後に聞きたい！「副業」一問一答

Q.1 副業を始めてよかったことは？

A

「好きなことを仕事にすることができたことです。だからストレスもありませんし、毎日楽しく過ごしています。仕事は好き・嫌いだけでは選べませんが、副業は好きなものを始めることができます。皆さんも趣味など好きなことを副業にして、いずれそれで食べていけたら最高だと思いませんか？」

Q.2 副業をやる際の注意点は？

A

「ムリしないことですね。副業は稼ぐことも大事ですが、長く続けることも大切です。ですから、ムリせず自分に合う方法でやった方がいいと思います。私は１人でやるのが性に合っているので、事業を拡大せず今も１人で続けています。この方が気楽でいいですよ」

Q.3 これからやってみたいことは？

A

「YouTube で情報配信することに興味があります。すでに同業者で配信している人はいますが、中古パソコンの修理動画などは一定の需要がありそうですね。実際、修理方法を紙にまとめるよりも、動画にした方が視聴者もわかりやすいと思うので、いずれは挑戦してみたいです」

2 副業で人生が変わった

株投資のYouTubeが登録者9万人突破の人気に！元手11万円で始めた株投資がうまくいき、そのノウハウを提供

20代、30代の頃、年収300万円生活から抜け出せず、必死の思いで始めた株投資で見事成功！ 6年前にいち早くYouTubeに取り組んだ。副業で人生大逆転を果たした方法を紹介

Profile

坂本彰さん（44歳）

1976年生まれ。サラリーマン時代に株投資を開始。会社四季報をもとにした独自の投資ルールを確立し、独立。2017年に資産1億円突破。YouTubeチャンネル、メールマガジン、投資助言業などで株投資ノウハウを提供している。著書に『10万円から始める高配当株投資術』（あさ出版）など。

YouTube「日本株チャンネル【坂本彰】」 ブログ「坂本彰公式ブログ」 http://saig.livedoor.biz/

2020年は、動画共有サイトの「YouTube」が一気に盛り上がりました。芸人やタレントなどの著名人から一般人まで、新たな稼ぎ場＝YouTubeに自身のチャンネルを次々と開設。なかには人に迷惑をかけるお騒がせなYoutuberもいましたが、知恵や発想次第で**誰でも稼ぐことができる**ことを世に周知しました。

ご存知のように、Youtubeには多くのチャンネルがあります。その中から気に入ったものを登録し、視聴している人も多いでしょう。なかでも「投資」系の動画は数多くあり、個人投資家から運用のプロまでさまざまな動画をあげて視聴者の獲得を試みています。

その激戦区で人気上位にいるのが、元サラリーマン投資家の坂本彰さんです。

坂本さんが投資ノウハウを公開する「日本株チャンネル」は、登録者が約9万人超え！**その広告収入は、毎月20万円から30万円を確保している**といいます。

これまでの再生回数トップの動画は、約70万回再生。タレントや作家など著名人でも、簡単には叩き出せない数字です。広告収入は動画の再生回数に応じて得られる仕組みで、再生回数が伸びれば広告収入も増えていきます。

なぜ、坂本さんのチャンネルはこれほど人気を集めているのでしょうか？

「もともと私は年収300万円の低所得サラリーマンでした。このままではマズいと思い、そこから抜け出すために投資を始めたのです。資金もなく、投資の素人だった私でも成功できたということで、その方法に多くの方が興味を持ってくれたのだと思います」

坂本さんの半生を追いながら、投資で成功し、YouTubeで稼げるようになった秘密を解き明かしていきましょう。

年収300万円から脱出！11万円で買った株が5倍に

坂本さんのサラリーマン生活は辛く苦しいものでした。20代の頃の年収はずっと300万円。最初の就職先のタイヤ販売店では営業ノルマに追われ、転職したラーメン店でも厳しい修行に明け暮れていました。

「まさに**ワーキングプア状態**です。朝から晩まで働いても薄給で、休みは週1日程度。どちらもブラック企業だったのでしょう」

いくら頑張っても仕事で報われることはない。ならば、仕事以外で貧乏生活から抜け出す術はないか……。坂本さんは副業をすると決め、あれこれ挑戦します。その中で可能性を感じたのが株投資でした。

「あまりお金がなかったので、11万円を元手に投資しました。銘柄分析する際の定番である**『会社四季報』**を使って選んだ任天堂が大当たりし、**1年で株価が5倍になった**んです。2009年のこの成功から投資にのめり込んでいきました」

仕事を終えた後などに株投資を勉強。学んだことを実践し、独自の投資理論を築いていきました。そのかいあって、株資産は500万円、1000万円と順調に増えていき、坂本さんは『会社四季報』を使った自身の投資法に自信を深めていきます。

「すると、情報発信していたブログやメルマガの読者の方から、**『株投資の方法や有望株などの情報をもっと知りたい』**といった声が寄せられようになりました。そのとき、『教えることを商売にできるかもしれない』と感じ、新たなニーズがあることに気づいたんです」

早速、投資アドバイスを行なうために「**投資助言業**」の免許をとり、有料会員向けに投資情報を提供するサービスを開始。会員を増やしていきます。

そして2015年、さらなる情報発信のプラットフォームとしてYouTubeに目をつけ、動画による投資ノウハウの提供を始めたのです。

今でこそYouTubeはメジャーになりましたが、2015年当時は一般にはまだあまり知られておらず、個人で動画を配信する人も多くありませんでした。

にもかかわらず、なぜYouTubeに目をつけたのでしょうか?

「当時、情報発信の場はブログやメルマガが主流でしたが、それ以上伸びる余地はないと感じていました。新しく登場した動画という表現方法に興味があったのと、**早く始めれば先行者メリットで、株投資に興味がある多くの人に見てもらえるかもしれないと思ったのです**」

坂本さんは自宅の一室を動画の撮影場所にして、手探りでYouTubeの配信をスタート。まずは三脚にビデオカメラを設置して、その日のテーマをトーク。そして撮影終了後は、独学で身につけた動画編集スキルを駆使し、YouTubeにアップするという一連の作業を一人で行いました。

坂本氏の銘柄分析に「会社四季報」は欠かせない。毎号購読中

ビジネス系YouTuberとして活躍！　成功の秘けつとは？

YouTubeを始めたとき、坂本さんはすでにサラリーマンを辞めて独立していました。株資産は5000万円を超え、長年苦しんだ貧乏生活から脱出！　株投資で生計を立てる見込みがついたからでした。

投資助言業とともに、YouTubeに力を入れ始めた坂本さん。しかし、1年目の2015年はチャンネル登録者がまったく伸びなかったと言います。

「登録者はせいぜい200〜300人のレベルでした。始めて3年目の2017年にやっと登録者が1000人に到達しました。この年は株資産が1億円を超えて〝億り人〟になったのですが、その成果はYouTubeにあまり

ひと部屋を動画の撮影専用にあて、週に3回程度撮影。編集作業に手間がかかるので今のペースが限界という

反映されませんでした」

そんな低調な流れが変わったのは2018年。一転してチャンネル登録者が増え始めたと言います。

「2018年くらいからYouTube自体の視聴者が増えた印象があります。その上、ビジネス系YouTuberが認知され始めました。YouTubeを稼ぐ場として利用する人が一気に増えたのです。面白いコンテンツが増え、視聴者も増えるという好循環が生まれました。このチャンスを活かそうと思って、さらに力を入れました」

ではここで、坂本さんがいかにしてYouTubeチャンネルの登録者を増やしたのか、視聴者から寄せられる声などを参考にして、改善していった内容をまとめて解説します。

◎「声が聞き取りにくい」は絶対ダメ

視聴者から「声が聞き取りづらい」「音がこもる」など音声に関するネガティブなコメントが多く寄せられた。そのためマイクにはお金を惜しまず、性能が高いもの探し求めてクリアな音声を実現した。

◎動画の時間を3分から10分へ

最初は1本3分程度の動画をアップしていたが、10分を超えるものに切り替えた。短い時間の動画より、ある程度長い動画の方が好まれたからだ。

◎自分の顔を必ず出す

自ら顔を出して説明する動画と、顔は出さず声のみで説明する動画では、前者の方が圧倒的に良い反応が得られたことから、動画には毎回顔を出すようにした。

◎投稿頻度は週3回

動画の投稿頻度を週2回から週3回にした。投稿頻度は多い方がファンの定着や獲得につながりやすい。とはいえ、1本の動画の撮影から編集までには1日弱の作業時間を要する。そのため他の仕事との兼ね合いで週3回が限界。

◎なぜ人気なのか分析した

投稿した動画は再生回数や平均視聴時間をチェックできる。つまり、数字から人気の動画は一目瞭然。人気動画から視聴者のニーズの傾向をつかみ、次の動画に取り入れた。目を引くタイトルをつけることも大切だ。

こうした改善・改良をくり返すことで、２０１８年から登録者が増え続け、２０２１年現在では９・５万人（４月６日時点）に！

前述したとおり、広告収入は月20〜30万円まで増えたのです。

なお、YouTubeで広告収入を得るには、**「YouTubeパートナープログラム」**への参加を許可されなければなりません。

参加条件は次の二つです。

●自身のチャンネルの過去12か月間の総再生時間が４０００時間以上

●チャンネル登録者が１０００人以上

これから挑戦する人は、まずはここを目指してみてください。

再生された回数で動画の人気・不人気は一目瞭然。人気動画の傾向を分析して、タイトルのつけ方や内容を練る

月20万円の副収入をもたらす人気動画の共通点とは？

YouTube の投資ジャンルで人気を集める坂本さん。運営する「日本株チャンネル」で再生回数が多かったベスト3の動画と、再生回数が振るわなかった動画を、寸評とあわせて紹介します。

【人気動画ベスト3】

1位　「NISA（ニーサ）6年間続けた衝撃の結果…」　再生回数68万回

2位　「高配当株 10年間持ち続けたらこうなった!」　再生回数43万回

3位　「イオン（8267）　赤字決算発表で株価急落！73万人の株主大激怒も、事前に予想できた理由」　再生回数42万回

人気の理由：寸評

「ベスト1と2は私の株投資の成績を示したものです。1の動画では2014年1月から始まったニーサ(少額投資非課税制度)口座の6年間の運用結果を公開し、2の動画では保有する高配当株の10年間の運用結果を公開。投資の結果を伝える動画はこれ以前も好評だったので、その傾向を踏まえて作ったら大人気となりました。こうした動画は、株投資歴が長い私だからこそ打ち出せる強味だと思っています。ベスト3の動画はイオンという会社の知名度の高さと、株価急落や株主大激怒というショッキングな内容から注目されたのでしょう」

【不人気動画の代表】
「物語コーポレーション(3097) 14期連続増収増益と文句なしも、マイナスは…」
再生回数1・1万回

不人気の理由:寸評
「『焼肉きんぐ』を主力に外食事業を展開する物語コーポレーションは、業績好調な優良企業ですが、会社の知名度が低く、再生回数が伸びませんでした。投資している人も少ないので、関心が低かったのでしょう」

※動画の再生回数は2021年2月24日時点

日々、動画の精度向上に余念がない坂本さん。今後の目標は？

「まずはチャンネル登録者10万人を目指します。残りあと約5000人は近いようで、まだ遠いですね。登録者が10万人を超えると、YouTuberにはお馴染みの『銀色の盾』をもらうことができるんです」

副業でYouTubeをやってみたいという人は少なくないでしょう。そうした人たちに坂本さんはアドバイスを贈ります。

「まずは、気軽にトライしてみて下さい。撮影はスマホで十分できますので、わざわざ撮影用に高いカメラを買う必要はありません。動画編集ソフトも無料のものを使えばいい。とはいえ、参入障壁が低いため、ライバルは本当に多いです。動画のテーマや内容の差別化は不可欠です。自分の強みは何か、他の人との違いをどう出すのかを意識して、挑戦してみたらいいと思います」

最後に聞きたい！「副業」一問一答

Q.1 副業を始めてよかったことは？

A

「投資を始める前は、一生年収３００万円から抜け出せないと絶望していましたが、投資の成功で人生が逆転しました。また、株投資のノウハウのおかげでYouTubeで稼ぐ新たな道もできました。自分にはムリだと思っていた結婚もでき、マイホームも持てた。今はすごく幸せです」

Q.2 副業をやる際の注意点は？

A

「株投資を始める前にアフィリエイトなどいろいろな副業にトライしたんですが、どれも稼ぐことができませんでした。唯一うまくいったのが株投資だったんです。副業には向き、不向きがあります。自分の性格やライフスタイルに合うものを選ぶことが大切だと思います」

Q.3 これからやってみたいことは？

A

「まずは私のYouTube動画『日本株チャンネル』の登録者を10万人まで増やしたいです。その後はサブチャンネルをつくって、趣味である旅行やドライブなどを紹介する動画を始めたいと思っています」

3 副業で人生が変わった

パソコン作業がラクになる方法を、講座で教えたら大人気に！副業の貴重な経験が本業にも活きている

パソコンのスキルを副業で教えて大人気に！「また教えてよ」「ありがとう」と感謝してもらえるのが嬉しくて、どんどんのめり込んだ。森さんに副業の醍醐味を聞いた

Profile　森 新さん（32歳）

1988年生まれ。大手飲料メーカー勤務。営業、人事を経て現在は新規事業に携わる。人事部時代の経験をもとに、2018年2月、スキルシェアサイト「ストアカ」を通じてOutlook講座を開設。大人気講座になる。著書にベストセラーとなった『アウトルック最速仕事術』『脱マウス最速仕事術』（いずれもダイヤモンド社）がある。

現在、大手飲料メーカーで新規事業に携わる森さん。以前は人事部に在籍し、職場の「働き方改革」を担っていました。このとき**業務効率の改善を任された**ことが、のちに副業へと発展します。

「業務効率の改善をやることになって、まず気になったのが、**社員がパソコンに向かって仕事をしている時間の長さ**でした。内勤の人はもちろん、営業の人も外から帰ってくると、資料を作り、メールを送り、と大量のパソコン仕事をこなしているわけです。結果、残業が増え、効率が悪くなっていると感じました」

効率よく仕事するには、パソコン仕事の時間を短縮する必要があると感じたわけですね。

「それでよくよく作業を観察してみると、**メールソフトのOutlook（アウトルック）の使用頻度が高い**ことに気づきました。しかも多くの人がマウスを使って作業をしていた。これはExcelやPowerPointよりも、Outlookの使い方を改善すれば生産性向上の余地があるのではないか、とひらめいたのです。当時Outlook作業の効率化に着目している人はほとんどいなかったので、ならば私がやってみようと思い立ちました」

森さんは早速、「**画面の切り替えを減らすテックニック**」や、「**マウスを使わないショートカット活用でスピードアップをはかる方法**」など、outlook作業を効率化する方法を、部署の同僚に教えていったと言います。

「思ったよりも反応が良かったので、隣の部署、また隣の部署と広げていき、最終的には全社的なプロジェクトまで広がりました。隠れたニーズがこれほどあることにとても驚きました」

仕事のスピードアップに貢献。これはビジネスになる

会社内での好評を得て、森さんにそれまでなかった思いが芽生えます。

「**『森君、また教えてよ』『おかげで仕事がはかどるよ』**と、社内で人とすれ違うたびに言われるようになり、すごく幸せな気持ちになりました。正直、最初は人に教えるなんてやったことがないし、受け入れてもらえるかど

1工程で済むところを、3工程ぐらいかけてやっているPC作業は結構ある。塵も積もればで、改善による時短効果は侮れない

うか不安でした。でも、いざやってみたら思いがけず人に感謝され、こんなに嬉しいことはないなあ、と感じました。そして、このOutlookスキルはもっと多くの人に役立つかもしれないと思い、会社の外でも試すことにしたんです」

2018年2月、スキルシェアサイトの「**ストアカ**」を利用して、Outlookスキルを教える講座を副業でスタート。

「ストアカは『**教えたい人**』と『**学びたい人**』を**つなげるマッチングサービス**を展開しています。誰でも同サイトを通じて講座を持つことができ、知識や情報をシェアして収益を得ることができます。私もそこで対面形式の講座を持ちました（現在はオンライン形式の講座も可能）」

森さんは、出社前の早朝と終業後の夜に講座を持ち、1回あたりの受講料を500円に設定。会議室を借り、準備万端でスタートします。しかし、最初は受講生が思いどおりに集まらなかったそうです。

「受講生はほとんど集まらず、会場費用も賄えませんでした。見栄を張って東京・銀座の会場を借りたため大赤字に。そんな状態が2〜3ヶ月続きました」

流れが変わったのは、ある一人の女性のおかげとか。

「毎回講座に足を運んでくれた数少ない生徒さんでした。その女性が、別の人を連れてきてくれて、少しずつ生徒さんの輪が広がっていったのです。また同時期にウェブメディアの「NewsPicks」に取り上げられ、それがSNSでも拡散されて、生徒さんが徐々に増えていきました」

友人からダメ出しを受け早口な「話し方」も改良！

森さんは講座での話し方、伝え方も改善していきます。

「親しい友人を講座に招いて、私の講義への率直な感想を言ってもらいました。すると、『**おまえ、しゃべるのが早いよ**』とか『**もっと人の目を見てしゃべった方がいい**』とか、『**あの参加者はおまえの説明についていけて**

最初は「伝える」「教える」ことが苦手だった森さん。場数を踏んで少しずつ上達し、今では得意分野に成長

なかったけど、それに気づいていた?』など、ずばずばと本音を言ってくれたんです。その言葉を真摯に受け止めて、次の講座で活かすようにしました」

　朝と夜で年間200回ほど講座をやり続けた結果、目に見えて伝え方が上達。ストアカの人気講座に躍進します。1回当たりの受講料も徐々に上げていき、現在は3450円に。個人だけでなく、法人からもオファーが来るようになったと言います。

「そもそもOutlookの効率化スキルは、それなりにニーズがあると思っていました。ただ、スキルを知らなくてもパソコン作業ができないわけではないので、誰も明確に不便と感じ

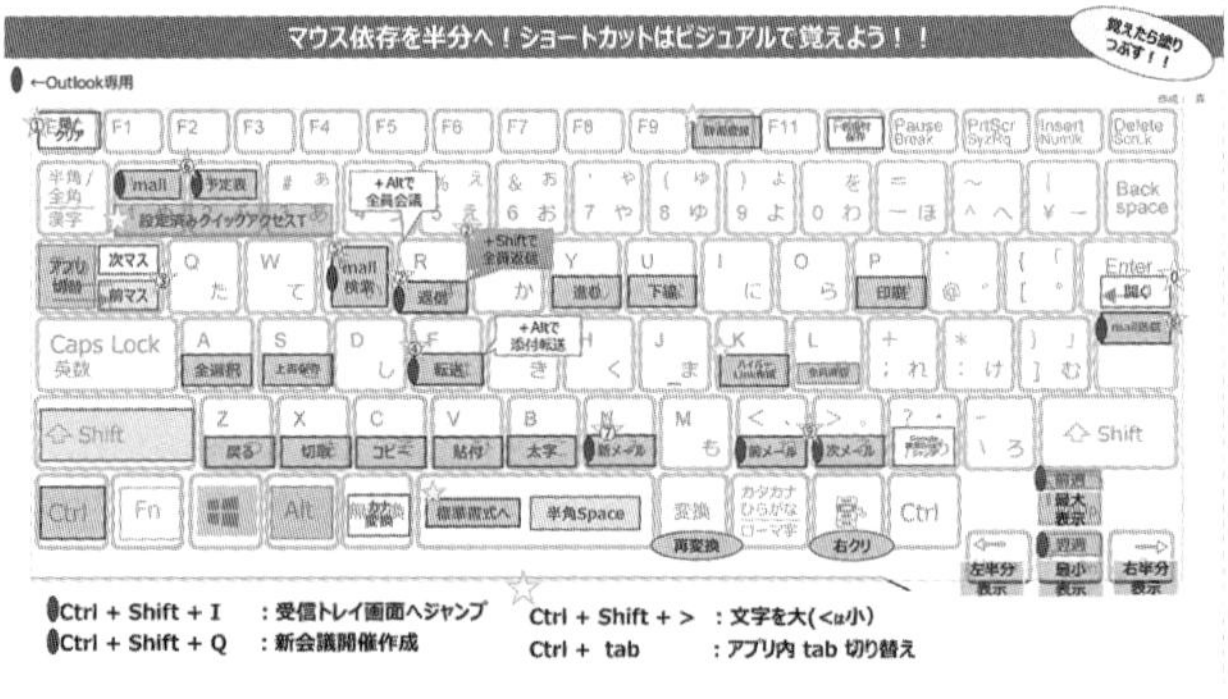

森さんの講義資料の一部。「脱マウス」により、年間のパソコン作業時間は120時間減少するという

ていなかったのです。でも、私が伝えたことで、もっと早く、ラクに作業ができると気づいてもらえた。埋もれていたニーズをストアカの講座で顕在化できたので、一気に広がったのだと思います。日本の労働人口約6000万人のうち、Outlookを使っているのは約4割と推定されます。つまり2400万人の市場があるわけです。**副業を通じて、新たなマーケットを生み出した経験は何よりの財産になりました**」

『アウトルック最速仕事術』『脱マウス最速仕事術』の2冊共にヒット！

その後、森さんはOutlookの効率化スキルを解説した本を2冊出版。合わせて16万部を超えるベストセラーになり、副業年収は本業の年収を上回るほど増えたと言います。

なお、ストアカは受講者をサイトで募る代わりに、受講料の10～30％を手数料として受け取る仕組みになっています。

家でくすぶっている場合か？
不安と焦りを副業にぶつけた

森さんが副業を始めたのは、人の役に立ちたいと思ったからですが、一方で焦りや危機感があったからだとも言います。

「近年、政府が働き方改革を打ち出して以降、会社は残業をしないで、定時で早く退社することを求めるようになりました。私ぐらいの年齢はもっと仕事でいろいろ経験し、覚えなければいけない時期なのに、早々に帰宅し、自宅で時間を持て余すしかない。**成長の機会を奪われている気がしてすごく焦りましたね。**そのエネルギーや焦りを、私は副業にぶつけることにしたんです」

とはいえ、森さんのように大手企業にいればこの先も安泰が約束されており、焦る必要はないのでは？

「確かに、うちはすごくいい会社ですよ。でも5年先、10年先はどうなっているかわかりません。昔のように右肩上がりの成長が望める時代ではないですし、人口が減って市場が縮小していく中で、さらに競争が激しくなるのは明らかです。大企業にいて、明るい未来を描いている人は少ないと思います。現に、コロナ禍で大企業も窮地に立たされ、リストラを発表するところも多いですよね。**会社が守ってくれないなら、自分で副業をやって自分で経験値を上げていくしかないんです**」

こうした状況の中で、森さんはある違和感を抱いていると言います。

「終身雇用が崩壊して、会社は社員の将来の面倒を見ることができなくなっています。そうした中で、**副業を認めるとか、認めないとかを会社が決めるのはおかしな話**だと思っています。一歩会社を出たら、それはもう自分の時間です。どのように使おうと個々人の自由であり、会社が干渉すべきことではないと私は考えています」

さまざまな思いから始めた副業ですが、森さんはその経験を通じて、確かな手ごたえを得ていきます。

「Outlook 講座の生徒さんから喜ばれ、感謝されたことで、**自分の考えが認められた**という気持ちになりました。副業を始める前に抱いていた焦りや危機感は薄れていき、代わりに自信がつきました」

どのような自信でしょうか？

「現在、私は会社で新規事業を担当しているのですが、この仕事はいわば、道なき道を進んでいくようなもので、明確な答えはなく、失敗も多いのでつねに不安なんです。でも、副業がうまくいっているので、仕事がうまくいかなくてもそこまで落ち込まずに済んでいます。むしろ、頑張れば本業だってうまくいくはずだという**根拠なき自信**も得られています」

森さんが副業で得たのは自信だけではありません。本業に役立つスキルも獲得することができたと語ります。

「例えば**プレゼン力**です。もともと私はプレゼンが苦手で、うまく話せないのをコンプレックスに感じていたんです。でも副業講座で場数を踏み、しゃべりのコツをつかむことができたため、人前で話をすることが怖くなくなりました。今では逆に、プレゼンがうまいと会社で褒められることも増えました」

副業がうまくいっても会社は辞めない

「副業」と「本業」の両輪で、成長を続ける森さん。

今後の目標は？

「会社で公言していますが、2025年までに1000億円の事業を作ることです。これまで新規事業をいくつか立ち上げていますが、まだいずれも分社化するほど育ってはいないので、それぐらい事業を大きくするのが夢です。1000億円のビジネスを副業でやるのはさすがに難しいので、本業のスケールメリットを活かして目指したいです。だから、**今後も副業がうまくいっても、私は会社を辞めないと思います**」

最後に聞きたい！「副業」一問一答

Q.1 副業を始めてよかったことは？

A

「人から感謝される喜びを、たくさん味わえたことですね。講座を通して Outlook の効率化スキルを提供したら、『業務効率アップに役立ちました。ありがとうございました！』と多くの人から感謝してもらえた。これは私にとって、お金をもらう以上の喜びでした」

Q.2 副業をやる際の注意点は？

A

「私は、会社が副業を禁じるのはおかしいと思っています。だから副業解禁という言葉には違和感があります。副業をやるのは就労時間外ですから、それを拘束する権限は会社にはないはずです。とはいえ、副業をやる場合は、会社に申請しておいた方が後々、面倒なことにならないと思います」

Q.3 これからやってみたいことは？

A

「個人で会社を買いたいと思っています。個人版のＭ＆Ａです。じつは学生時代に起業を経験したことがあるんです。何度か倒産させましたが、まだ凝りていません（笑）。つねに何か新しいことをやっていないと気がすまない性格なのかもしれません」

4
副業で人生が変わった

投資して貯めたお金で40代セミリアタイア！資産運用は継続中で今後ものんびり続けていく

40代も半ばを超え、人生の残りの時間を考えたとき、もう仕事はやり切ったと感じた。あとはゆっくり生きたい。そのための副業が資産運用だった。ユニークな人生設計とは？

Profile　**クロスパールさん（49歳）**

1971年生まれ。サラリーマン時代にインデックス投信の積み立て運用を開始。資産3000万円を築き、2017年9月に会社を退職、セミリタイアを果たす。同時に関西から奥さんの故郷・鳥取県に移住。現在も同地にて夫婦二人でのびんりした生活を送っている。
ブログ「心豊かにシンプルライフ」
https://crosspearl.com

副業で貯めたお金でセミリタイア！

そんな夢のような生活を送るのが、クロスパールさんです。

クロスパールさんは**資産が3000万円に達した45歳のときに会社を辞め、セミリタイアすることを選択。**都市部の住まいから中国地方ののどかな場所へ移住し、現在はのんびりした生活を送っています。

「今は自分が好きな環境で、好きなように時間を使っています。何をしていても幸せです。45歳のときに思い切ってセミリタイアを決断したのは正解でした」

クロスパールさんがセミリタイア用に貯めた3000万円は大金ですが、それで一生食べていけるほどのお金ではありません。そもそものお金をどうやって貯めて、今はどう暮らしているのか。それぞれ詳しく教えてもらいましょう。

転職で年収が100万円ダウン。補うために資産運用を始めた

クロスパールさんは高校卒業後、中華料理店に勤め、コックとして働きました。しかし

職業病である腱鞘炎《けんしょうえん》をわずらい14年目にやむなく退職し、サービス業に転職します。

このとき年収が100万円の大幅ダウン。その穴を埋めるべく、いわば副業として投資を始めたと振り返ります。

「最初にやったのは、毎月分配型の投資信託でした。しかし、コストの割に成果が出なくてやめました。次にFX(外国為替証拠金取引)に挑戦しましたが、折悪くリーマンショックが起きて、大損する羽目に……。二度の失敗の後にたどり着いたのが、**インデックス投信の長期積み立て**でした。やっていくうちに、これがベストな手法だと確信しました」

インデックス投信への積み立てとは、インデックス型の投資信託（インデックス・ファンド)に、毎月一定額を投資していくこと。

積み立てなので、購入後は〝ほったらかし〟でOK。複利効果により、長期運用で資産を着実に増やすことができると言います。

「実際、**年利にすると3~7%で回っており、**運用成績は期待以上でした」

当時、サービス業に従事していたクロスパールさんの年収は400万円。多くは生活費に消えていき、自由に使えるお金はそれほど多くなかったはずです。そのうちいくらを積み立て投資に回していたのでしょうか？

「毎月の手取りは24万円でした。そこから**10万円をインデックス投信の積み立て**に回しました。給料の3分の1以上を投資に回せたのは、節約を心がけていたからです。工夫しながら、できる範囲のローコスト生活を送るようにしました」

当時は社宅に奥さんと二人暮らし。社宅で住居費がかからなかったのはラッキーですが、その他も工夫しながら節約。

例えば、食費は二人で月に2万円台という少なさ。ほぼ自炊です。携帯電話はガラケーを愛用し、通信料は夫婦二人で5000円。そして小遣いは1万円ずつ。

「私は趣味がブログを書くことと読書、あとは近所のサークルで週1回のバスケットボール（1回500円）をすることだったので、1万円で十分足りたのです」

さらに保険代はなんと0円。どういうこと？

「生命保険、医療保険は一切入っていません。生命保険は遺族年金と投信で貯めた資産でカバーできますし、医療保険は高額療養費制度と蓄えで十分カバーできると考えました。節約する以前は、月に数万円も払っていましたけどね」

こうした工夫により、月10万円を積み立てに回しても、なおお金が余り、貯金もしていたと言います。

その後も「**インデックス投資**」と「**ローコスト生活**」を地道に継続し、投資を始めて12年目の2017年に資産3000万円に到達。同年、クロスパールさんは45歳でセミリタイアを果たしたのです。

1ヶ月の収支

収入
240,000円

支出
183,000円

【内訳】

積み立て	100,000円
食費	25,000円
水道・ガス・電気代	20,000円
小遣い	20,000円
通信費	9,000円
ガソリン代	5,000円
日用品代	4,000円

通信費はガラケーなので安い。収入から支出を引いた約6万円は貯蓄に回した

会社の時間と自分の時間。大切なのはどっちか考えた

地道にお金を貯めたクロスパールさん。いつ、どんなタイミングでセミリタイアを思い立ったのでしょうか？

「意識し始めたのは40歳になった頃からです。歳を重ねると、残された時間はどんどん少なくなっていきます。限りある時間をどう過ごすか考えたとき、**それを会社にささげるのではなく、自分のやりたいことを優先したい**という結論に至ったんです」

セミリタイア後は移住しようと考えたクロスパールさん。

「**緑が多く、時間がゆっくり流れるところに移り住み、落ち着いて暮らしたい**と思ったからです。妻の実家がある鳥取は、転勤で住んでいたこともあり、そのときから気に入っていたので迷わずそこに移住しようと思っていました」

こうした思いを形にするため、何歳までに

のどかな田園風景の中を散歩する。時間はゆっくり流れ、気持ちは落ち着く

セミリタイアするか、目標年齢を設定し、会社を辞めた後の暮らしやお金の計画を細かくシミュレーション。その後は計画通り順調に資産を蓄えていきましたが、予期せぬこともあったようです。

「じつはもともと50歳で会社を辞める計画でした。でもいろいろな事情があり、45歳で辞めることに……。計画が狂い、多少焦りましたが、3000万円の資産と、ときどきアルバイトをすれば十分生計は立てられると考え、すっきりした気持ちでサラリーマンを卒業しました」

2021年現在、セミリタイアから4年の月日が経過しています。

鳥取に移住してからは、家賃6万円(駐車場代込み)の3DKアパートで夫婦二人の日々を過ごしています。

「今は基本的に**週3回、5時間のアルバイトをして月収4万円を得ています。**バイトなので拘束時間は短く、シフトは自分でコントロールすることもできます。精神的にも時間的にも余裕が生まれました。趣味など自分のやりたいことに優先的に時間を費やしています。また、山、海、川といった自然が身近にあるので、**四季を味わいながらたまに山登りなど**

も楽しんでいます」

一方、専業主婦だった奥さんは自身の希望により正社員として会社に勤務。代わりにクロスパールさんが家事の一切を行っているそうです。

「コックをやっていたので料理は好きですし、洗濯や掃除も苦ではありません。私はバイト、妻は正社員としての労働収入があるので、その分、資産を切り崩さなくてすみます。私は正社員の妻の扶養に入っているため、年金や社会保険の面でもプラスなんです」

この家計によるセミリタイア生活は、長くて60歳まで。夫婦の年金支給を70歳からと見積もり、それまではインデックス投信の資産を切り崩して生活する予定。70歳以降は年金をベースに生活するそうです。

株高で資産が5000万円に！ほったらかしのメリット

ではここで、クロスパールさんが保有ないし積み立てを行っている2本のインデックス投信を紹介します。どちらも日本を除く先進国の株式に投資するファンドです。

◇「**たわらノーロード先進国株式**」（保有のみ）
●ファンドの内容…MSCIコクサイ・インデックスに連動する投資成果を目指して運用を行なう。
●手数料…信託報酬0・10989％（2021年2月15日時点）

◇「**eMAXIS Slim 先進国株式インデックス**」（積み立て中）
●ファンドの内容…MSCIコクサイ・インデックスに連動する投資成果を目指して運用を行なう。
●手数料…信託報酬0・1023％（2021年2月15日時点）

「この2本は先進国株式に投資するファンドの中で、**信託報酬のコストが最低水準**です。当初は他のインデックス投信も積み立てていましたが、途中からこの2本に集約しました」

2017年のセミリタイア以後も、積み立てた3000万円はそのままほったらかし運用を継続。すると予想以上に資産が膨らんでいったと言います。

「世界的な株高の影響からです。前述したようにインデックス投信の平均利回りは年率3

〜7％でしたが、**ここ数年は年率10％以上で回っており、現在の資産は5000万円を超えました**」

新型コロナウイルスの感染拡大により、生活や仕事のやり方が大きく変わり、自らの働き方や生き方を見つめ直す人が増えています。ブログを運営するクロスパールさんのもとにも、資産運用やセミリタイア生活、地方移住などについて相談を持ちかける人が少なくないとか。

「セミリタイア生活というと聞こえはいいかもしれませんが、とくに地方では昼間から仕事もしないでうろうろしていると、冷たい視線を向けられることもあります。そういう世間体を気にする人は向いていないかもしれません。また、仕事をするにしても収入は都心に比べれば減るわけですから、それで生活できる蓄えが必要になります。そういうことも考えて、どんな副業をして、どれくらいお金を貯めておくべきか、しっかり計画を立てておいた方がいいと思います」

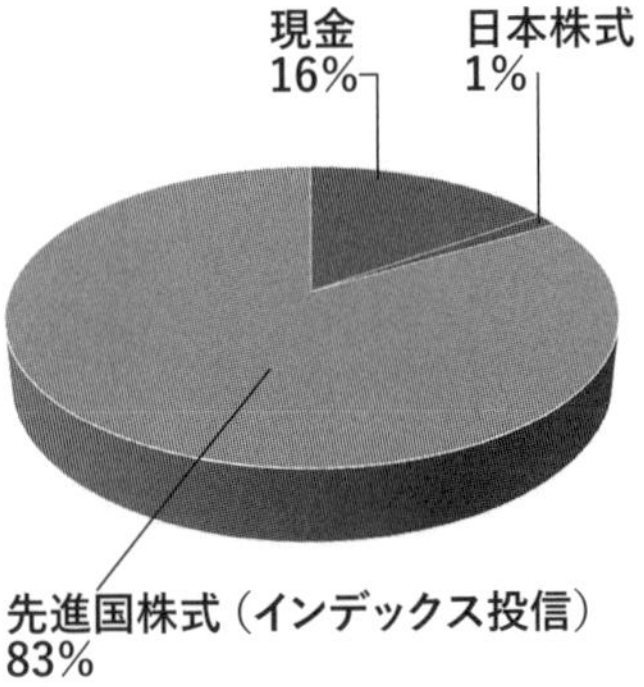

資産の大半は2本の積み立て投信。
最近の株高で2000万円増えた

最後に聞きたい！「副業」一問一答

Q.1 副業を始めてよかったことは？

A

「目標だったセミリタイアを達成できたのが、何より嬉しいです。インデックス投信の長期積み立てと、節約によるローコスト生活でリタイアを実現し、地方移住も叶いました。あくせく働くことなく、のんびりした毎日を過ごしてます。気持ちにだいぶゆとりができましたね」

Q.2 副業をやる際の注意点は？

A

「私はサラリーマンのときに、何歳までにセミタイアすると決めて、実現するためのマネー＆ライフプランをしっかり練りました。その経験から、目標と計画を作ることは重要だと思っています。夫婦の場合は、お互いの意思を確認し合うことも大切でしょう。後でもめないようにして下さい」

Q.3 これからやってみたいことは？

A

「サラリーマン時代と違って、今は時間に縛られることがありません。セミリタイアして時間の自由を手に入れました。妻との時間をこれからも大切にしていきたいですし、コロナが収まればもっと夫婦で旅行したり、趣味の時間を楽しんだりしたいと思っています」

これからの新しい副業のカタチ

リクルート「ふるさと副業」に注目！

今、地方企業と都市部の人材をつなぐ新しい副業の形が注目を集めています。その名は「ふるさと副業」。リクルートが提唱する新しい働き方です。

ふるさと副業は、都市部で働く人が、**「副業×リモートワーク」**というスタイルを通じて、地方企業と関わる新しい働き方を実現しました。

２０２０年、新型コロナウイルスの影響から在宅勤務が増えたことで、サービスの利用も増加。収入はもちろん、**「地元や故郷の企業に貢献できる」**ことにやりがいを感じる声が多く、人気となっています。

このふるさと副業の名づけ親であり、サービスを立ち上げたのが、同社事業推進室「サンカク」責任者の古賀敏幹さんです。どのような狙いがあったのか？　サービス利用者のニーズやメリット、地方企業側の需要なども含め、ふるさと副業の魅力を聞きました。

ふるさと副業を立ち上げた

古賀敏幹さん（37歳）

Profile

株式会社リクルート「サンカク」プロダクト責任者。東京工業大学大学院卒業後、ソフトウエアエンジニアとして大手電機メーカーに就職。新規事業開発を担当後、「サンカク」が立ち上がったタイミングでリクルートキャリア（当時）に転職、サンカクのプロダクトおよび事業開発を担当

――ふるさと副業を思い立ったのはどんな経緯からでしょうか？

アイデア自体は、2016年くらいから頭の中にありました。実際、ふるさと副業という名前とともに企画を打ち出したのは2018年になります。

ふるさと副業は、私が責任者を務める「サンカク」で展開するサービスのひとつです。そのサンカクも、**副業を含め、働く個人がもっと会社の外とつながりを持つこと**をコンセプトに掲げていて、サンカクの着想をあれこれ巡らせる中で、ふるさと副業のアイデアが浮かびました。

私は和歌山県出身ですが、Uターン・Iターンという形ではなく、もっとライトに自分の地元とつながり、貢献する機会は持てないものか。「副業×リモートワーク」のスタイルだったら成立するのではないか。そういうふうに2016年くらいに考えたわけです。

――なぜ、実現に向けてすぐに行動しなかったのですか？

地方企業のニーズがなければ、都市部で働く人たちとのマッチングは生まれません。しかも、「副業×リモートワーク」の形で受け入れてもらえるのかという懸念もあったんです。そのような思いからニーズを見出せなくて、なかなかアクションを起こせませんでした。

——世に出そうと決断したきっかけは？

全国展開を目指す福岡のクライアントから『地元に適任の人材がいない』という理由で、サンカクを使ったマッチングサービスを利用したいという依頼が、福岡営業所にあったんです。そのとき、意外にニーズはあるかもしれないという気持ちに変わったんです。

早速、「副業×リモートワーク」を前提としたイベントを考えました。１社だけでは弱いので、同じ福岡の企業を５社集めることを目標にして、全国の都市部の人材を集める案を企画書に落とし込みました。その結果、わずか１週間で福岡の地元企業から５社集まり、都市部の人材も２００名以上集めることができました。これが２０１８年、ふるさと副業

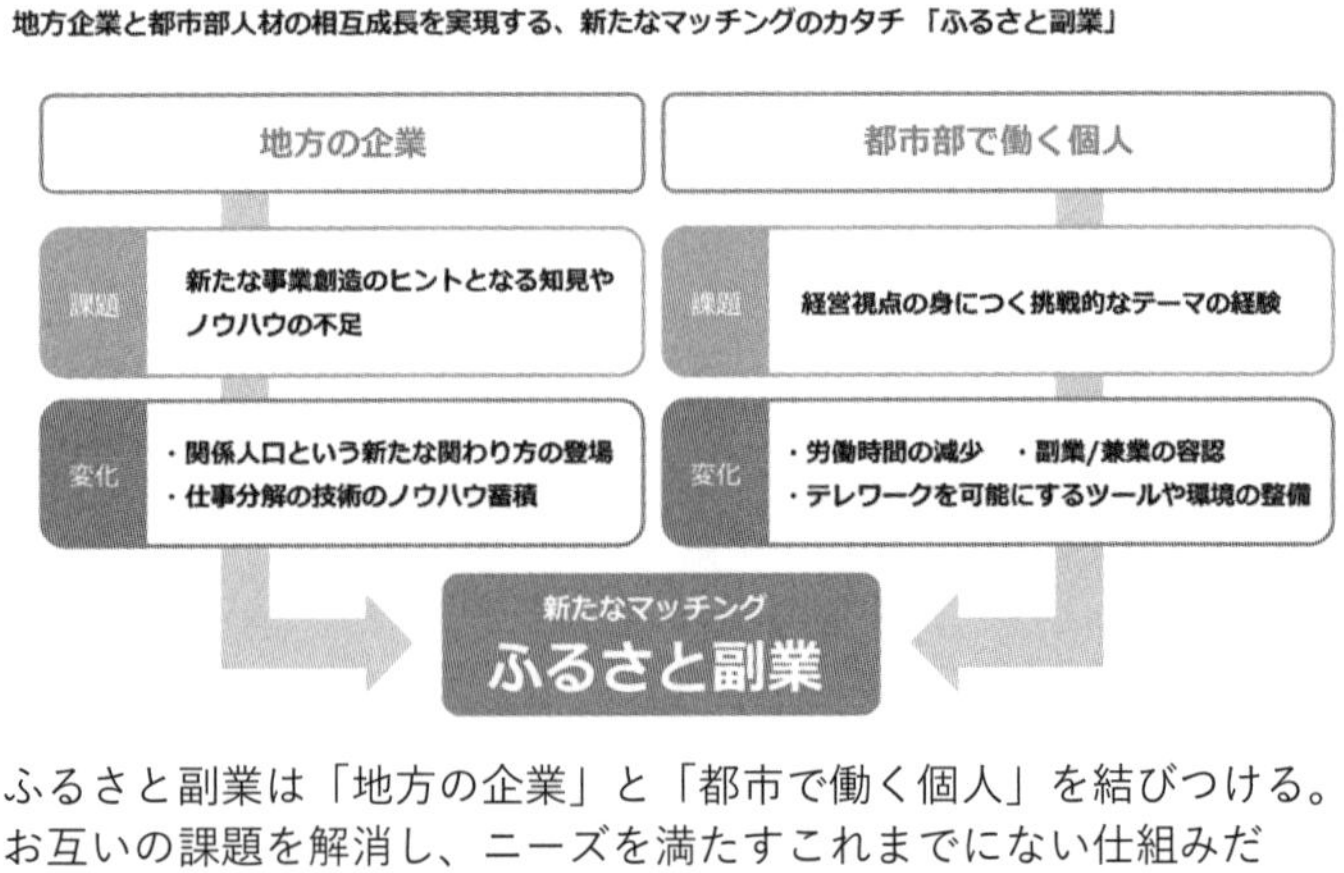

ふるさと副業は「地方の企業」と「都市で働く個人」を結びつける。お互いの課題を解消し、ニーズを満たすこれまでにない仕組みだ

出典:株式会社リクルート「2020年キャリアトピック」https://www.recruitcareer.co.jp/news/pressrelease/2020/200203-01/

のスタートです。以来、地方企業と都市部人材双方のニーズを実感するようになっていきました。

コロナで潮目が変わった。企業も個人も副業に本気に

――どのようなニーズが見えてきたのでしょうか？

地方企業のニーズで多いのは、知名度を全国区レベルに上げたい、商品やサービスを全国に売っていきたいという理由で、**都市部人材の持つ知恵やノウハウを求める**ケースです。一方の都市部人材のニーズで代表的なのは、私がもともと思い描いていたように、自分の地元や故郷に貢献したいというケースですね。

――2020年に入り、新型コロナウイルスの影響でビジネスパーソンの労働環境は一変しました。在宅勤務を余儀なくされたわけですが、働き方の変化から副業に目を向ける人も増えたようです。

そうですね。副業に関して、あきらかに潮目が変わったと思います。

そもそも副業に興味はあるけれど取り組んでいないという人は、**「忙しくて時間がないから副業なんてできない」**と言います。それがコロナの影響でリモートワークに切り替わり、時間に柔軟に対応できるようになったことから、ネットを手段とした副業への関心、意欲が高まったのでしょう。

一方で、企業側も1年前なら「リモートワーク？　何それ？」という感じだったのが、コロナによりリモートワークに対応し、その体制を整備した企業が少なくありません。

このような状況を受け、ふるさと副業の需要は働き手、求める企業ともに大幅に増えました。サンカクの公式ＨＰ閲覧数の伸び率は、２０１９年８月を１とすると、２０２０年７月はその４倍近くになっています。

――実際、ビジネスパーソンがふるさと副業をやるとしたら、どのような働き方になるのでしょうか？

都市部の企業で働きながら、自分の地元や故郷など思い入れのある地域の仕事に、副業としてリモートワークで関わっていく。これがふるさと副業の大枠のモデルです。

副業で関わる地方企業は、業種、業態がさまざまですが、**傾向として製造販売業が多い**ように感じます。主な案件は商品のプロモーションや販促、マーケティング、IT関連の業務、新規事業や商品企画などです。地方の人材ではカバーし切れない、でもその企業にとって事業の成長や発展、変革に欠かせないノウハウを、都市部で働く人がサポートします。

報酬よりもやりがいを求める。女性が多いのも特徴

——具体例をひとつ挙げていただけますか？

例えば、都内の企業でブランドコンサルティングに携わるAさんのケース。Aさんは「いつかふるさとへの恩返しにつながる経験がしたい」と考えていました。

一方でAさんの地元で伝統産業を営むB企業は、新規事業の創出において新たなブランディング強化のできる知恵やノウハウを求めていました。

このAさんとB企業のマッチングが叶い、両者は月に数回のウェブミーティングを通じて、新規ブランディングプロジェクトをスムーズに推進することができたんです。

――一般的なふるさと副業の期間はどのくらいですか？

月に数日もしくは週1回のペースでリモートワークを行い、地方企業と関わるのが一般的です。スポットで終わる働き方ではなく、**プロジェクトを担って数ヶ月の期間、一緒に共通のゴールを目指す形を理想**としています。

――報酬はどの程度もらえるのですか？

企業の募集案件ごとに異なり、仕事内容によっても変わってくるので、一概にいくらとは言えません。

アンケートをとってわかったのですが、報酬を第一に求める人は多くありません。もちろん、収入面も気になるところだと思いますが、それ以上に、自分のスキルが役に立つのか、どんな経験を積めるのかなど、貢献の度合いややりがいに重きを置いている人が多い。これはふるさと副業の特長だと思います。

――年齢層で多いのは？

前述したとおり、ふるさと副業はサンカクで展開しているサービスのひとつです。サンカクの利用者は30代が多いので、結果的に**ふるさと副業のエントリー層も30代が中心**になっています。

男女比ではサンカクが男性中心の媒体なのに対して、ふるさと副業のエントリー層は女性が多い印象です。ふるさとや地元への貢献ということへの関心は女性の方が高いのかもしれません。

将来のUターンを見越してまずはふるさと副業を活用

——ふるさと副業にはどんなメリットがあるのでしょうか？

一番はやはり、都市部に身を置きながら自分のふるさとや地元、あるいは気になる地域などとつながりを持ち、副業を通じて貢献できることです。都市部で得たスキルやノウハウを恩返しとして地方へ提供し、喜ばれるだけではなく、収入も得られるのは何よりのメリットだと思います。

ふるさと副業と命名しましたが、副業の対象地域は各人のふるさとや地元に限定しているわけではありません。旅行に行って気に入った場所など思い入れのある地域でもいい。一個人が「副業×リモートワーク」を通じて地方創生を担えるわけですから、やりがいは大きいでしょう。

——本業では得難い経験ですね。

はい。都市部の企業の一部門で働いている人にとっては、**ふるさと副業をやることで経営者思考が身につく**機会にもなります。というのも、地方企業の経営者と直接関わって一緒に何かを作っていくことが多いため、その経験、学びは本業では得られないものも多いと言えますね。

あと、少し変わった活用例もあります。**近い将来のUターン・Iターンを見越して、実験的にふるさと副業を利用する**ケースです。地方企業にいきなり転職し、移住するのはリスクが高いため、まずは都市部に身を置きながらふるさと副業で地方企業と関わりを持ち、将来の可能性を見据えるわけですね。

——スキルやノウハウを提供するということは、ふるさと副業に手を挙げるみなさんは

優秀な人が多いのではないでしょうか?

優秀の定義が難しいところですが、ふるさと副業への参加は、スキルが高くなければダメとか、経験が豊富でなければできないということではありません。スキルや経験よりも、むしろ問われるのは考え方や意識ではないでしょうか。受け身や消極的な気持ちで参加するのではなく、自分から積極的に関わっていくことが重要になると思います。

――今後のビジネスパーソンの働き方、副業の進展をどう見ていますか?

新卒後ひとつの会社で働く「生涯一社」の人は、今後少なくなっていくはずです。副業は当たり前になり、多くの人が2枚目の名刺、3枚目の名刺を持って、さまざまな仕事をしている。そんな時代が近い将来やってきても不思議ではないと思っています。

――ありがとうございました。

おわりに

副業には人生を変える力がある

私は「タケウチ商売繁盛研究会」という会員制コンサルティングを15年以上運営しています。月額5000円という低料金なことから、副業の稼ぎ方やノウハウを求めて、サラリーマンの方も多く入会しています。

長年、副業者に対してアドバイスをして思うことは、**人生の脇役だった副業が、やがて人生において幸せをもたらせてくれる仕事になる**という点です。

パート2で紹介した梶田さんは、中古のパソコン販売の副業を始めたことで、ストレスのない人生を手に入れることができました。株投資の副業で成功した坂本さんも、年収300万円のサラリーマン生活から脱し、独立して結婚とマイホームという二つの夢を叶えることができました。

これらの幸せは、副業に挑戦しなければ手に入れられなかったものばかりです。最初は小さな収入で始まる副業かもしれませんが、やがてその仕事が人生を大きく変えるほどのお金を生み出し、みなさんの人生を豊かにしてくれます。

「自分には副業は無理かも」

そう思った人ほど、副業で稼ぐチャンスがあります。自分に自信がない人の方が、ものごとに慎重に取り組むので、副業のようなコツコツ積み上げていく仕事には向いています。

「副業って本当に稼げるの？」

疑い深い人ほど副業に適しています。「本当に儲かるのか？」とつねに疑念を抱く人は、探究心がある証拠です。パート2で紹介したOutlook講座を開設した森さんは、大手企業に勤めながら「このままでいいのか？」という疑問から、人生を切り開く副業を手にしました。

疑念を持つことは成長の第一歩です。副業に不安を持っている人ほど、副業に適していると思って下さい。

「副業で必ず成功したい！」

本書を読んで、強い決意を固めた人は、ぜひ、副業に挑戦してみて下さい。パート2で紹介したクロスパールさんは、サラリーマン時代に「50歳になったらセミリタイヤする！」と強く願ったからこそ、夢を実現させることができました。

強い決意は副業において最強の武器になります。「自分の人生、最高だ！」と幸せを噛みしめられる副業ライフを実現して下さい。

最後に。

私は週に1回「ボカンと売れるネット通信講座」というメールマガジンを配信しています。読者数は約1万人。起業したときから休まず書き続けており、そろそろ創刊から数えて900号を迎えます。

そのメルマガの中でもビジネスをはじめ、副業に役立つノウハウを提供していますので、もう少し突っ込んだ副業の話を聞きたいという人は、ぜひ、ご一読してください。

これからも、まだまだ不確実な世の中が続くでしょう。そのときに、本書や私が発信する情報がみなさんの人生を成功に導く羅針盤になれば、幸いです。

■参考資料

・小林 昌裕（監修）／秋田谷 紘平（著）『月10万円副業！』 ぱる出版
・クリス・ギレボー（著）／中西 真雄美（翻訳）『0円副業のススメ 小さなアイデアが収入に変わる27日間マニュアル』 小学館集英社プロダクション
・両@リベ大学長『本当の自由を手に入れる お金の大学』 朝日新聞出版
・坂下仁『サラリーマンこそプライベートカンパニーをつくりなさい』 フォレスト出版
・藤木俊明『会社を辞めずに〝好き〟〝得意〟で稼ぐ！「複業」のはじめ方』 同文館出版
・竹内謙礼 青木寿幸『給料戦争』 ＰＨＰ研究所
・竹内謙礼 青木寿幸『戦略課長』 ＰＨＰ研究所
・週刊東洋経済『おうちで稼ぐ、投資する！ 在宅仕事図鑑』 東洋経済新報社 ２０２０年12月5日号

【著者略歴】

竹内謙礼（たけうち・けんれい）

販促戦略立案、新規事業、副業、起業のアドバイスを行う経営コンサルタント。有限会社いろは代表取締役。

大学卒業後、雑誌編集者を経て観光施設の企画広報に携わり通信販売や実店舗の運営、企画立案等を行う。楽天市場に出店したネットショップはオープン３年目で年商１億円を達成。２年連続で楽天市場のショップ・オブ・ザ・イヤー「ベスト店長賞」を受賞。現在は日経ＭＪの紙面で毎週月曜日「竹内謙礼の顧客をキャッチ」を連載中。ウェブメディアや経済誌等にも寄稿し、全国の商工会議所や企業等でセミナー活動を行う。また、経営者や起業家に対して低料金の会員制コンサルティング事業「タケウチ商売繁盛研究会」を主宰しており、副業・起業へのアドバイスも積極的に行っている。

著書に『１日30分で一生分のお金を稼ぐ方法』（青春出版社）、『ネットショップ運営攻略大全』（技術評論社）、共著『会計天国』『投資ミサイル』（ＰＨＰ研究所）ほか多数。

ウェブサイトURL：https://e-iroha.com/（ボカンと売れるネット通信講座）

日本一《にほんいち》カンタンな「副業《ふくぎょう》」と「お金《かね》」の教科書《きょうかしょ》

2021年 5月11日　初版発行

発行　**株式会社クロスメディア・パブリッシング**

発行者　小早川幸一郎
〒151-0051　東京都渋谷区千駄ヶ谷 4-20-3 東栄神宮外苑ビル
http://www.cm-publishing.co.jp
■本の内容に関するお問い合わせ先 …………………… TEL (03)5413-3140 ／ FAX (03)5413-3141

発売　**株式会社インプレス**

〒101-0051　東京都千代田区神田神保町一丁目105番地
■乱丁本・落丁本などのお問い合わせ先 ……………… TEL (03)6837-5016 ／ FAX (03)6837-5023
service@impress.co.jp
(受付時間　10:00～12:00、13:00～17:00　土日・祝日を除く)
※古書店で購入されたものについてはお取り替えできません

■書店／販売店のご注文窓口
株式会社インプレス　受注センター ……………………… TEL (048)449-8040 ／ FAX (048)449-8041
株式会社インプレス　出版営業部 ………………………………………………………… TEL (03)6837-4635

カバーデザイン　金澤浩二
本文デザイン・DTP　鳥越浩太郎
印刷・製本　中央精版印刷株式会社
カバー・本文イラスト　ネルノダイスキ
編集協力　百瀬康司
ISBN 978-4-295-40538-2　C2033